FRENCH

Words, Phrases and Sentences 1000+

By Michel Durand

© 2012

All Rights Reserved. **No part of this publication may be reproduced in any form or by any means, including scanning, photocopying, or otherwise without prior written permission of the copyright holder.**

Disclaimer and Terms of Use: The Author and Publisher has strived to be as accurate and complete as possible in the creation of this book, notwithstanding the fact that he does not warrant or represent at any time that the contents within are accurate due to the rapidly changing nature of the Internet. While all attempts have been made to verify information provided in this publication, the Author and Publisher assumes no responsibility for errors, omissions, or contrary interpretation of the subject matter herein. Any perceived slights of specific persons, peoples, or organizations are unintentional. In practical advice books, like anything else in life, there are no guarantees of income made. This book is not intended for use as a source of legal, business, accounting or financial advice. All readers are advised to seek services of competent professionals in legal, business, accounting, and finance field.

First Printing, 2012

Printed in the United States of America

Contents

INTRODUCTION

AT HOME – A LA MAISON

    People in the house – les gens dans la maison

    The rooms in the house – les pièces dans la maison

    The garage – Le garage

    The garden – Le jardin

    The rooms in an apartment – les pièces dans un appartement

    The activities in the house or in the apartment – Les activités dans la maison ou dans l'appartement

    Meals – Les repas

    Lunch &dinner – Le déjeuner et le dîner

    Entertainment – Les distractions

    The evening at home – La soirée à la maison

SCHOOL

    People at school – Les gens à l'école

    Classes and offices – les classes et bureaux de l'école

    Recreation areas – Les endroits de récréation

    Lunch time – L'heure du déjeuner

    Intra-mural activities – Les activités dans l'enceinte de l'école

    Extra-mural activities – les activités en dehors de l'école

    Kids gohome – Les enfants rentrent à la maison

    Homework – Les devoirs d'école

AT WORK

    Rush Hour (morning) – l'heure de pointe

    People at work – Les gens au travail

    Offices & equipment – Bureaux & équipements

    Office activities – Les activités au bureau

- Evening rush hour – L'heure de pointe

SHOPPING
- Stores – magasins
- Small shops and boutiques – petits magasins et boutiques
- Supermarkets – Les supermarchés
- Shopping Malls – Les centres commerciaux
- Shopping at the market – Faire des achats au marché
- People who are working in the stores – Les gens qui travaillent dans les magasins
- Home from shopping – à la maison après les achats

CAR & GARAGES
- Types of cars – Types de voitures
- Driving in town – Conduire en ville
- Service stations – Les stations-service
- Driving in the country – Conduire en province

TRAVEL
- Domestic travels – voyages intérieurs
- International travels – voyages internationaux
- Biking or cycling – voyages à moto ou à vélo

EXCEPTIONAL EVENTS
- Accidents – Les accidents
- Birth, marriage and funerals – Naissance, mariage et funérailles
- Birthdays and other anniversaries – Les anniversaires de naissance et autres anniversaires

CONCLUSION

INTRODUCTION

This book is designed to assist anyone navigating through a daily French routine without having to search for words in a dictionary. The thousand phrases that are comprised in the pages of this book are spoken by French-speaking people everywhere. There are no strange colloquialisms or slang that could easily confuse any foreigner learning the language.

Previously in my other book "French an Easy Language to Learn", I have taught the reader to pronounce the difficult syllables, to conjugate verbs, to construct sentences and even broached on subjects such as business and legal French. Yet, one of the most important ingredients in all of these lessons was perhaps the one that dealt with the way to make it easy for you. We have suggested reserving a room or a corner of your home to French learning, where you could immerse yourself not only into the language, whether spoken or written, but also surround your senses with a French atmosphere. Eat, drink, listen to music, watch movies and relax in French.

In the book you're about to read, you will find a great number of sentences and phrases that touch on personal behaviors at home, at work, at school and anywhere else you would participate in a French conversation. We encourage you not to memorize these phrases as a parrot would, but to apply them every time the opportunity presents itself. Repeat the sentences and accompany them with brain teasing gestures. For example, when you pour tea in a cup, do it – pretend to pour tea in a cup.

Again, your brain is only a toddler when it comes to learning a new language – it needs to see actions being joined to words.

One more point, before we begin – let's have fun!

NOTE: Some of you may experience difficulties with the pronunciation of the French vowels, consonants and syllables. To help you in this process, we suggest going to www.forvo.com. This interactive site will assist you in learning to pronounce words correctly.

After you have finished this book, you may also be interested in some of our other titles to help you continue your education:

French: Practice For Perfection by Antoine Pelletier

French: Learn The Easy Way by Jacques Boucher

These two books can add a great amount of depth to your understanding of the French language and will provide you a more rounded understanding of this beautiful language.

AT HOME – A LA MAISON

People in the house – les gens dans la maison

The following sentences introduce the *main characters* of our story. French families are not very different from the North American's or from those of other Anglo-Saxon countries. Perhaps, one of the main differences is the children's regular involvement in their parent's lives. Parents in Europe are seldom left alone in their twilight years.

Mes parents habitent dans une grande maison.

My parents live in a big house.

Ma mère est encore jeune. Elle a cinquante ans.

My mother is still young. She is fifty years' old.

Mon père est un peu plus vieux. Il approche la soixantaine.

My father is a little older. He is nearing his sixties.

Pour ma part, j'habite dans une maison située dans un quartier résidentiel.

For my part, I live in a house located in a residential area.

J'ai une trentaine d'années et je m'appelle Jean-Pierre.

I am about thirty years old and my name is Jean-Pierre.

Ma femme et moi sommes du même âge.

My wife and I are the same age.

Ma femme s'appelle Gisèle.

My wife's name is Gisele.

Nous nous sommes rencontrés à l'université.

We met at university.

Elle étudiait la littérature et les arts pendant que je faisais des études financières.

She was studying literature and the arts while I was pursuing my financial studies.

Nous avons deux enfants, un garçon et une fille.

We have two children, a boy and a girl.

Michelle a dix ans et son frère a sept ans.

Michelle is ten years' old and her brother is seven.

Michelle est blonde comme sa maman et notre fils, Ghislain, a les cheveux bruns comme moi.

Michelle is blonde like her mom and our son, Ghislain, has brown hair like me.

Je travaille maintenant dans une maison financière au centre-ville.

Now, I work in a financial house downtown.

Gisèle travaille aussi, mais à cause des enfants, elle ne travaille que quelques heures par semaine.

Gisele works too, but because of the kids, she only works a few hours a week.

Mes parents, André et Marie, viennent le dimanche à la maison pour dîner.

My parents, Andre and Marie, come to our home on Sundays to have dinner with us.

C'est toujours à la bonne franquette – on ne fait pas de manières entre nous.

It's always casual (only when talking about a meal) – we don't care about manners between us.

Pour être franc, je trouve que Gisèle est la plus jolie femme au monde.

To be honest, I think that Gisele is the most beautiful woman in the world.

Les gens me disent que je ne suis pas mal non plus.

People tell me that I am not bad-looking either.

J'essaye de ne pas trop manger ; mais comme en France les bons petits plats ne font pas défaut, il faut que je me tienne à carreaux.

I try not to eat too much; but since in France the good little dishes are not rare, I must watch myself.

The rooms in the house – les pièces dans la maison

When buying or renting an apartment or a house in France, you will immediately notice that the descriptions of the places are quite different from those of North America in particular. For example, an advertisement might say "3 pièces, salle de bain, cuisine, jardin, garage." These "3 pièces" describe the "3 living spaces" – probably, living room or dining room, and two bedrooms.

Another thing to consider when buying or renting a place in France is the fact that many houses and or apartments do not come with kitchen and laundry appliances. Those are considered part of one's furniture.

When it comes to the décor or adapting the interior design to your taste when renting a place, often the landlord will not object to you painting walls, hanging pictures, while adding value to his property – as long as you don't start tearing down walls or deface the apartment or house in any way.

The last item you might want to consider is whether you want to have a pet at home. Pets are generally allowed in most of the premises you rent. However, if your dog starts barking at all hours of the day or night, or when left alone, you might find yourself in a heap of troubles with your neighbors.

Notre maison est assez grande pour loger tout notre petit monde.

Our house is sufficiently large to lodge everyone in the family.

Nous avons un salon, une salle à manger, une cuisine au rez-de-chaussée.

We have a lounge (living) room, a dining room, a kitchen on the ground floor.

Notre chambre à coucher et celles des enfants sont au premier étage.

Our bedroom and those of the children are on the first floor.

Nous avons deux salles de bains, ce qui est assez rare en France.

We have two bathrooms, which is quite rare in France.

Nous mangeons pratiquement tous nos repas dans la cuisine, excepté le dimanche quand mes parents viennent dîner.

We eat practically all of our meals in the kitchen, except on Sunday when my parents come for dinner.

Comme les parents de Gisèle vivent en province, c'est nous qui allons leur rendre visite lorsque nous avons des vacances.

Since Gisele's parents live outside of Paris, we are the ones who go to visit them when we have some time off (holidays).

Mais quand nous avons des visiteurs qui passent la nuit, ou quelques jours avec nous, nous avons une chambre d'amis au grenier.

However, when we have some guests that spend the night, or a few days with us, we have a guest-room in the attic.

Nous avons aménagé le grenier pour offrir tout le confort nécessaire à nos visiteurs.

We have renovated (fitted out) the attic to offer (provide) all the comfort necessary to our visitors.

Il y a un lit, bien sûr, un divan, un placard, une commode et deux tables de nuit.

There is a bed, of course, a sofa, a wardrobe, a dresser and two night tables.

C'est Gisèle qui a décoré cette chambre, et je dois le reconnaître, elle a fait du bon travail.

It was Gisele who decorated this room, and I must admit, she has done a very good job of it.

Quand la famille ou les amis nous rendent visite et restent pour la nuit, ils peuvent avoir accès à la grande salle de bain du premier étage.

When the family or friends pay us a visit and stay for the night, they can have access to the large bathroom on the first floor.

Dans la salle de bain, il y a une baignoire avec douche, un évier et le fameux bidet que les américains ne savent pas utiliser – sans commentaires !

In the bathroom, there is a bath with a shower, a sink and the famous bidet, which the Americans do not know how to use – no comments!

Les toilettes sont séparées. En France on ne trouve pas souvent les toilettes là où on se lave.

The toilets are separated. In France we don't often find a toilet where we bathe.

Il n'est pas coutume de se baigner dans l'arôme des toilettes !

It is not customary to bathe in the aromas emanating from the toilets!

Dans le couloir entre les chambres, il y a une lingère et une petite console où se trouve le téléphone.

In the corridor between the bedrooms, there is a linen closet and a little consol table where you find the telephone.

Gisèle à l'habitude de mettre des bouquets de fleurs partout dans la maison.

Gisele has the habit to put bouquets of flowers everywhere in the house.

Je dois dire que c'est très agréable de rentrer dans une maison aussi bien garnie.

I must say that it is very nice to enter a house so well decorated (garnished).

Nos meubles ne sont pas modernes, bien que j'aime un accent de couleurs pour relever le ton du décor.

Our furniture is not modern, although I like color accents to enhance the tone of the decor.

Je me rends compte que j'ai oublié de mentionner que j'ai aussi un petit bureau près de l'entrée.

I realize that I have forgotten to mention that I also have a little office (den) near the entrance.

C'est là où je passe mon temps à lire ou à faire mes rapports de fin de mois.

This is where I spend time to read or to fill out my month-end reports.

Dans le salon, nous avons installé une télévision et une chaîne stéréo.

In the living room, we have installed a television (TV) and a stereo.

Il y a deux fauteuils devant le divan que nous avons placé le long de la fenêtre qui fait face à la rue.

There are two chairs in front of the sofa, which we have placed along the window that faces the street.

Dans la cheminée, j'ai changé le feu ouvert pour un feu au gaz. C'est plus avantageux.

In the chimney (fireplace) I have changed the open (wood) fire for a gas fire. It is more advantageous.

Dans la cuisine, il y a un frigo, une cuisinière à gaz, un évier pour laver la vaisselle et des placards au-dessus et en dessous du comptoir.

In the kitchen there is a fridge, a gas stove, a sink to wash the dishes and some cupboards above and underneath the counter.

Nous n'avons pas de machine à laver la vaisselle, car l'eau et l'électricité sont très chères en France.

We do not have a dishwasher, because water and electricity are very expensive in France.

La machine à laver (le linge) se trouve aussi dans la cuisine, étant donné que nous n'avons pas de cave aménagée comme aux Etats-Unis.

The washing machine is also located in the kitchen, given that we do not have a furnished basement like in the United States.

Etant donné que nous prenons tous nos repas dans la cuisine, la table de cuisine est assez grande pour y servir huit personnes.

Since we take all of our meals in the kitchen, the kitchen table is large enough to sit eight people.

En France, vous trouvez souvent la salle à manger près de l'entrée.

In France you often find the dining room near the entrance.

Auparavant, il était de coutume d'offrir à manger aux visiteurs, et la table de salle à manger était souvent garnie de friandises pour les gens qui passaient voir les amis.

In the olden days, it was customary to offer something to eat to the visitors, and the dining room table was often covered with treats for the people who came to visit their friends.

Le plancher dans toutes les chambres est couvert de parquet excepté celui de la cuisine où il y des dalles en céramique.

The floor in all the rooms is covered with hardwood (parquet), except the one in the kitchen where there are ceramic tiles (on the floor).

The garage – Le garage

It was not customary to have a garage adjacent to a house in the old days. Since horses were the main mode of transport, a lot of people maintained a stable rather than a garage beside their residence. It was also a luxury to have a car. I am not that old, but even my grandfather never drove a car. People generally used the train or buses or the Metro in Paris. Therefore, it's only in the more modern houses that you will find a garage.

Since I am lucky enough to have a garage attached to our house, let me describe it briefly for you.

Nous avons construit des étagères au fond du garage.

We have built some shelves at the back of the garage.

Sur la première planche, il y a des éponges, un tuyau d'arrosage, une peau de chamois, et d'autres objets pour nettoyer et polir la carrosserie de la voiture.

On the first plank (shelf), there are some sponges, a hose, a chammy and some other things to clean and polish the outside (body) of the car.

Sur la planche supérieure, il y a des valises de voyage, et d'autres choses que nous utilisons pendant les vacances.

On the upper shelf (plank), there are some traveling suitcases, and some other things that we use during the holidays (vacations).

Sur cette même planche, il y aussi des cartons et des boîtes remplies de jouets que les enfants n'utilisent plus.

On that same shelf, there are also some cartons and boxes filled with the toys that the children don't use anymore.

Sur le mur de gauche, j'y ai pendu les gros outils de jardin, une échelle et une pelle à neige pour déblayer l'entrée du garage et le trottoir en face de la maison durant l'hiver.

On the left wall, I hung the big garden tools, a ladder and a snow shovel to clear the garage's access and the footpath (sidewalk) in front of the house during the winter.

Les hivers sont rarement très froids en France, mais quand il neige, la neige est généralement lourde et difficile à déblayer.

The winters are rarely cold in France, but when it snows, the snow is generally heavy and difficult to shovel.

La porte du garage s'ouvre automatiquement. J'ai installé un ouvre-porte qui est très pratique quand il pleut.

The garage door opens automatically. I installed a garage opener, which is very practical when it rains.

J'ai aussi installé un chauffage électrique à l'intérieur du garage, car je n'aime pas nettoyer l'intérieur de la voiture dans le froid.

I have also installed an electric heater inside the garage, because I don't like to clean the inside of the car in the cold.

La porte du fond s'ouvre sur l'intérieur de la maison, ce qui est pratique pour amener les victuailles de la voiture à la cuisine quand Gisèle revient d'avoir fait les achats pour la semaine.

The door at the far end opens to the inside of the house, which is practical for taking the groceries from the car to the kitchen when Gisele come back from doing her shopping for the week.

The garden – Le jardin

When buying or renting a house in France, you may find a small garden at the back of the house, especially if the property is located outside of the city. In town gardens are rare, but if you have one, it may not have been tended as well as you might have liked. On the other hand, it is more common to find vegetable gardens adjacent to the properties you wish to buy or rent.

The French mentality has a lot to do with the absence of gardens. French people consider that every "livable space" in any property has to be used profitably. A garden with only decorative plants, shrubs or grass does not serve any useful or profitable purpose. Since lots are quite expensive per square meter, a garden represents a waste of space and money. Moreover, if you wish to have a garden for the children to play, the answer is generally to take them to the neighborhood park or playground.

Of course, there are quite a few properties, particularly in the south of France that will boast magnificent gardens. As I said, those are rarely for sale or rent – but if you find such a treasure, you're in luck.

Now, let's have a look at what you may find in your garden.

Notre maison est en banlieue et elle a un petit jardin.

Our house is in the suburbs and it has a little garden (backyard).

J'ai des outils de jardinage dans le garage.

I have some garden tools in the garage.

Parmi eux, il y a une bêche, une truelle, une tondeuse à gazon, une petite hache, et d'autres outils qui me sont utiles pour déraciner les mauvaises herbes.

Among them there is a shovel, a trowel, a lawn mower, a little axe, and other tools which are useful to uproot the weeds.

Le jardin n'est pas très grand, mais il suffit pour être un endroit agréable pour y passer quelques heures de repos durant l'été.

The garden is not very big, but it is sufficient to be a pleasant location to spend some hours of rest during the summer.

Les enfants ont assez de place pour jouer dans le jardin en hiver comme en été.

The kids have enough space to play in the garden in winter as in summer.

La majorité du jardin est couverte de gazon que je tonds une fois par semaine avec la tondeuse à gazon.

The majority of the garden is covered with grass (lawn) that I mow once a week with the lawn mower.

Les murs qui entourent le jardin sont construits en briques.

The walls that surround the garden are built in bricks.

Le long du mur du fond du jardin j'ai planté des vignes vierges pour cacher les briques.

Along the far wall of the garden, I have planted some ivy to hide the bricks.

Le long du mur de droite, j'ai planté des petits arbustes qui nous donnent des fleurs au printemps.

Along the wall on the right, I have planted some little shrubs that give us some flowers in the spring.

A gauche, le long de l'autre mur, Gisèle a planté un petit potager.

On the left, along the other wall, Gisele has planted a small vegetable garden.

Elle y a planté des plants de tomates, des herbes pour la cuisine et quelques plants de carottes et des petits oignons.

She put down some tomato plants, some garden herbs for cooking and a few patches of carrots and spring onions.

Nous avons aussi un petit cerisier près de la maison.

We also have a small cherry tree near the house.

Au mois de juillet, les enfants ramassent les cerises mûres qui tombent sur le gazon.

In July, the children collect the ripened cherries that fall on the grass.

Je ne les laisse pas monter sur l'échelle pour cueillir les cerises dans l'arbre.

I do not allow them to climb on the ladder to pick the cherries in the tree.

Sur la terrasse qui donne sur le jardin, j'ai mis des chaises de jardin, une table avec un parasol et j'ai installé un barbecue au propane.

On the terrace that gives onto the garden, I put some garden chairs, a table with an umbrella and I have installed a propane barbecue.

La porte coulissante qui donne accès à la cuisine est aussi une addition que j'ai installée moi-même.

The sliding door that gives access to the kitchen is also an addition that I have installed myself.

L'été prochain nous allons acheter une petite piscine gonflable pour les enfants.

Next summer we are going to buy a little inflatable pool for the kids.

Bien sûr, ils ne jouent pas toujours dans le jardin. Ils vont souvent au parc avec Gisèle quand il fait beau.

Of course, they don't always play in the garden. They often go to the park with Gisele when the weather is nice.

Au parc, ils ont des balançoires, des barres et des toboggans pour s'amuser.

In the park they have swings, (monkey) bars and some slides to have fun.

Gisèle, en général, s'assoit sur un banc et lit un livre pendant que les enfants jouent.

Gisele, usually, sits on a bench and reads a book while the children play.

Comme ils aiment jouer au ballon, c'est l'endroit parfait pour ce genre de jeux.

Since they like to play with a ball, it is the perfect place for this kind of game.

Je n'autorise pas qu'ils jouent au ballon dans notre jardin, car le ballon passe trop souvent par-dessus le mur et dérange les voisins.

I don't authorize them to play with a ball in our garden, because the ball too often goes over the wall and bothers the neighbors.

C'est très agréable d'avoir un jardin, surtout lorsqu'on a des enfants.

It is very enjoyable to have a garden, especially (mostly) when you have children.

Les personnes qui vivent dans un appartement n'ont pas ce plaisir.

People who live in an apartment don't have that pleasure.

The rooms in an apartment – les pièces dans un appartement

When you talk about "rooms" in an apartment, once again it does not refer to bedrooms but to the "livable spaces" or "pièces" in the apartment. For example, you'll often come across advertisements that describe the apartment as having "4 pièces", which means you have probably two or three bedrooms, a lounge room and or a dining room.

The important item to remember when renting an apartment in France, particularly in the larger cities, as a foreigner, you will need to earn four times the cost of rental before being approved to rent any property. For example, if you earn $4,000 a month, your monthly rent cannot be higher than $1,000. And apartment rental in Paris is on average between $4,000 and $6,000 per month.

In France, you could find some appliances included with the furnishings, but generally apart from kitchen counters, cupboards and the occasional closet, you will have to furnish the place. Most often you don't have laundry facilities in the building, but you can buy a Japanese washer-dryer combination (in one appliance) which is small enough to fit in the corner of a kitchen. This sort of combined appliances is not common in North America but you find them quite often in countries where square footage is at a premium.

Equally true is the fact that very few apartments in France have closet spaces. This is where you will need to consider buying a wardrobe for the bedroom or a linen cupboard for the hallway (or bathroom) and a buffet for the dining room. Fortunately, some apartments have more square footage than others, which makes it easier to furnish it with ample storage closets or cupboards.

Let's visit an average apartment and make a list of the furniture you might need to decorate it.

Dans l'entrée du building il y a un tableau avec une sonnette pour chaque appartement.

In the entrance of the building there is a board with a doorbell for each apartment.

Le foyer est assez grand pour un building de dix étages.

The foyer is rather large for a ten-story building.

Il y a un ascenseur et une porte qui donne sur l'escalier intérieur.

There is a lift (elevator) and a door that opens onto the inside stairwell.

L'ascenseur nous amène au septième étage où se trouve l'appartement à louer.

The lift takes us to the seventh floor where the apartment for rent is located.

La location est de 800 Euros par mois.

The rent is 800 Euros per month.

Si l'appartement vous plait, il y aura un bail à signer.

If you like the apartment, there will be a lease to sign.

Le bail est généralement pour un an.

The lease is generally for one year.

Le chauffage, l'électricité, l'eau, le téléphone et toutes autres charges sont à ajouter à la location.

Heat, electricity, water, and telephone and all other utilities must be added to the rent.

Cet appartement comprend deux chambres, un salon, une salle à manger, une cuisine et une salle de bain.

This apartment contains (is comprised of) two bedrooms, a lounge room, a dining room, a kitchen and a bathroom.

Le salon s'ouvre sur une petite terrasse qui donne sur les toits de la ville.

The lounge room opens onto a little terrace that gives a view over the roofs of the city.

Il y a une cuisinière électrique et une place sous le comptoir pour un petit réfrigérateur dans la cuisine.

There is an electric stove (cooker) and a place under the counter for a little fridge in the kitchen.

Tout semble assez moderne et bien entretenu.

Everything seems quite modern and well maintained.

Comme je le prévoyais, il n'y a pas de penderie aménagée dans les chambres.

Such as I anticipated, there is no wardrobe (closet) in the bedrooms.

Etant donné que l'appartement n'est pas meublé, il faut que nous allions acheter des meubles et des accessoires.

Given that the apartment is not furnished, we must go and purchase some furniture and accessories.

Voici une liste de ce dont vous aurez probablement besoin.

Here is a list of what you will probably need.

In the bedrooms / Dans les chambres

A bed / Un lit

A mattress / Un matelas

A box spring / Un sommier

Bedlinen / Du linge de maison

Bedsheets / Draps de lit

Bedcovers / Couvertures de lit

Bedspread / Couvre-lit

Blankets / Couvertures

Comforter, eiderdown / Couvre-pieds, duvet

Pillows / Coussins

NightTables / Tables de chevet

Wardrobe / Garde-robe

Dresser / Commode

Lamps / Lampes (de chevet)

In the lounge room / Dans le salon

A sofa / Un divan

Two chairs / Deux fauteuils

A coffee table / Une table basse

A television / Une télévision

Side tables / Tables de salon

Side lamps / Lampes de salon

A throw or space rug / Tapis

Book shelves / Etagères à livres

Some pictures or paintings / Des photographies ou des peintures

Plants and ornaments / Plantes et ornements

In the Dining room / Dans la salle à manger

A dining room table / Une table de salle à manger

Four or six chairs / Quatre ou six chaises

A buffet and hutch / Un buffet et un bahut

A sideboard / Un buffet de service

A table cloth and table linen / Nappe de table et linge de table

Cutlery (flatware – forks, knives, spoons, etc.) / Les couverts (fourchettes, couteaux, cuillères, etc.)

Glasses / Verres

Dishes / Assiettes

Plates / Plats

Trays / Plateaux

In the Kitchen / Dans la cuisine

A small fridge (bar fridge) / Un petit frigo

A fridge and freezer / Une glacière (ou réfrigérateur) et congélateur

Cooking pots / Casseroles

Frying pan(s) / Poêles à frire

Cooking utensils / Ustensiles de cuisine

Kitchen linen / Linge de cuisine

Serving dishes and trays /Plats et plateaux pour servir

A kettle / Une bouilloire

Cups and saucers / Tasses et soucoupes

Cleaning accessories / Accessoires de nettoyage

Broom / Balai

Mop / Serpillière

Vacuum cleaner / Aspirateur

Brushes / Brosses de nettoyage

Basins and buckets / Bassines, cuvettes et seaux

Tea towels or dish towels / Des torchons à vaisselle.

In the bathroom / Dans la salle de bain

Linen – bath towels, hand towel, sponge, tissue, toilet paper, hand soap, bath soap / Linge – serviettes de bain, essuie-mains, éponge, mouchoir en papier, papier toilette, savon à mains, savon de bain

Plunger / ventouse

Bathroom accessories / Accessoires de salle de bains

Toothbrush and toothpaste / Brosse à dents et pâte dentifrice

Mirror / Miroir

The activities in the house or in the apartment – Les activités dans la maison ou dans l'appartement

In France, as in many European and North American countries, the house and apartment activities are most of the time restricted to sharing a meal, doing housework or homework, watching television, surfing the web, and sleeping. However, there are some other activities that are particular to either a house or an apartment. For example, when you live in a house, you may attend to the gardening, or do some remodeling and work in the garage. In an apartment, there is no garden to tend, no garage in which to work and no remodeling to be done – unless, of course, you own the place.

Since we have already visited the garden and the garage of my house, this time, I'll talk about remodeling or decorating the house, and perhaps attending to some important repairs.

Quand nous avons acheté notre maison, j'ai dû y faire quelques réparations à l'intérieur.

When we bought our house, I had to do some repairs inside.

Les dalles de la salle de bain au premier avaient besoin d'être remplacées.

The tiles in the bathroom on the first floor needed to be replaced.

Nous avons acheté du nouveau carrelage et j'ai installé chaque dalle précisément en suivant les instructions d'un ami qui s'y connaissait en la matière.

We bought new tiles and I installed each tile precisely, following the instructions of a friend who knew something about this.

Cela a pris un bout de temps pour mélanger le mortier et l'étendre avec la truelle sur le ciment de la salle de bain.

It took me some time to mix the mortar and to spread it with the trowel over the cement floor of the bathroom.

J'ai laissé le reste du travail pour mon copain – il savait mieux que moi ce qu'il fallait faire pour obtenir un bon résultat.

I left the rest of the work for my friend – he knew better than I what needed to be done to obtain a good result.

Il y avait aussi des murs à repeindre.

There were also some walls to repaint.

J'ai acheté deux ou trois litres de peinture, des brosses, un ou deux rouleaux, et une petite échelle pour peindre le haut des murs.

I bought two or three liters of paint, some brushes, one or two rollers, and a small ladder to paint the top of the walls.

J'ai remplacé le chandelier dans la salle à manger, et j'ai aussi réparé la plomberie en dessous de l'évier de la cuisine.

I replaced the chandelier in the dining room, and I also repaired the plumbing underneath the kitchen sink.

Comme il y avait de grosses taches sur la moquette du salon et de la salle à manger, nous l'avons remplacée par un nouveau plancher en bois – un parquet solide.

Since there were some big spots on the wall-to-wall carpet in the lounge room and dining room, we replaced it for a new hardwood floor – solid parquet.

Gisèle, pour sa part, a acheté quelques tableaux qu'elle a accrochés aux murs du salon.

Gisele, for her part, bought a few paintings that she hung on the walls of the living room.

Elle a aussi cousu des rideaux pour les chambres et des coussins pour les fauteuils du salon.

She also sewed some drapes for the bedrooms and some pillows for the lounge room chairs.

A chaque fois que je revenais du travail, Gisèle avait une surprise pour moi.

Each time that I came back from work, Gisele had a surprise for me.

Au début c'était très souvent de petites choses à réparer ou à remplacer, mais une fois que tout était en ordre, elle me faisait la surprise d'avoir acheté de nouvelles plantes, ou des ornements pour notre chambre.

In the beginning it was very often little things to repair or replace, but once that everything was in order, she would surprise me with some new plants or ornaments that she bought for our bedroom.

Nous avons aussi aménagé les chambres des enfants avec deux nouveaux lits, des lampes de chevet et un petit bureau pour faire leurs devoirs.

We also decorated the children's bedrooms with new beds, some night lamps and a small desk to do their homework.

Dans la cuisine, nous avons dû remplacer le réfrigérateur et placer du carrelage derrière l'évier.

In the kitchen we had to replace the refrigerator and place some tiles (backsplash) behind the sink.

Deux ans après avoir acheté la maison, nous avons dû remplacer la toiture.

Two years after we bought the house, we had to replace the roof tiles.

C'était là une chose que je ne pouvais pas faire moi-même.

That was the one thing that I could not do myself.

Nous avons donc engagé un tuilier qui a remplacé toutes les tuiles du toit et les briques de la cheminée.

We therefore hired (engaged) a roof tiler who replaced all of the tiles of the roof and the bricks of the chimney.

Dans le garage, comme je l'ai déjà mentionné, j'ai installé des étagères qui me sont très utiles quand je dois m'occuper de la voiture.

In the garage, such as I mentioned earlier, I installed some shelves which come very handy when I have to look after the car.

Je lave et polis la voiture toutes les semaines.

I wash and polish the car every week.

Ce n'est pas le fait que je sois très méticuleux à ce propos, mais je sais que si je veux revendre notre voiture à un bon prix, je dois en prendre soin de l'extérieur comme de l'intérieur.

It is not the fact that I am meticulous in this regard, but I know that if I wanted to re-sell our car at the good price, I must take care of the outside same as the inside.

Je vais au garage régulièrement pour changer l'huile, vérifier les freins et changer les bougies.

I go to the garage (service station) regularly to change the oil, check the brakes and to change the spark-plugs.

Je fais faire une révision tous les six mois et je change les pneus pour des pneus d'hiver chaque année.

I have a tune-up done every six months and I change the tires for winter tires every year.

A l'intérieur, nous avons installé une connexion pour nos portables (téléphones) et un système stéréophonique pour les disques et la radio.

Inside, we have installed a connection for cell phones and a stereo system for CDs and radio.

Ce n'est pas le dernier cri, mais nous avons tout de même de bons morceaux de musique à écouter quand nous partons en randonnée avec les enfants.

It is not the latest, but we can nonetheless listen to good pieces of music when we take some trips with the kids (children).

Meals – Les repas

Among the house or apartment activities, meals are perhaps the most regular of activities.

Breakfast – Petit déjeuner

Le matin avant de partir à l'école ou au travail, nous prenons un petit déjeuner.

Before going to school or to work we have breakfast.

Les enfants mangent du pain grillé avec de la confiture.

The children eat toasts with jam.

Parfois Gisèle achète des croissants à la boulangerie – souvent le dimanche.

Sometimes Gisele buys some croissants at the bakery – often on Sunday.

Nous prenons une tasse de café, ou bien une tasse de thé, et les enfants boivent un café au lait ou une tasse de chocolat.

We have a cup of coffee, or a cup of tea, and the kids have a coffee with milk or a cup of hot chocolate.

En France, il est rare de voir les gens manger des œufs, du lard ou des crêpes pour le petit déjeuner.

In France it is rare to see people eat eggs, bacon or pancakes for breakfast.

Ce genre d'aliments est généralement réservé pour le déjeuner, ou pour un dessert dans le cas des crêpes.

This type of food is generally reserved for lunch, or for a dessert in the case of pancakes (crepes).

En partant à l'école, les enfants prennent un fruit dans leur cartable (sac d'école).

When going to school, the children take a fruit in their school bag.

La liste des aliments que nous consommons généralement durant le petit déjeuner :

The list of food that we consume generally during breakfast:

Café noir ou sans lait / *Black coffee or without milk*

Café au lait ou café crème / *Coffee with milk or coffee with cream*

Thé citron, thé au lait / *Lemon tea, tea with milk*

Chocolat chaud / *Hot chocolate*

Croissants / *Croissants*

Pain blanc (à tartiner) / *White bread (for sandwiches)*

Pain complet (en tranches) / *Brown bread (sliced)*

Confiture aux fruits / *Fruit jam*

Beurre / *Butter*

Une pomme / *An apple*

Une orange / *An orange*

Une banane / *A banana*

Lunch & dinner – *Le déjeuner et le dîner*

En France, Il est encore de coutume de fermer les bureaux, les écoles et les magasins à l'heure de midi.

In France, it is still customary to close the offices, the schools and the shops during the noon hour.

Les commerces et les écoles ferment leurs portes entre midi et deux heures pour permettre aux employés et aux enfants de rentrer chez eux pour le déjeuner.

The commercial enterprises and the schools close their doors between noon and two o'clock to allow the employees and the children to go home for lunch.

En France, le déjeuner est pratiquement le repas le plus important de la journée.

In France, lunch is practically the most important meal of the day.

Si la maman ou la maîtresse de maison ne va pas au travail et reste chez elle, elle prépare le déjeuner après avoir fait ses emplettes (ou ses commissions) le matin.

If the mother or the woman of the house does not go to work and stays at home, she prepares lunch after she has done her shopping in the morning.

Elle achète souvent tout ce dont elle a besoin pour la journée, comme ça elle est certaine que tout ce qu'elle va servir ce jour-là sera frais et cuisiné le jour même.

She often buys everything she needs for the day, so that she is sure that everything she will serve that day will be fresh and cooked on that day.

Nous n'aimons pas les aliments surgelés ou «prêts à servir».

We do not like refrigerated (frozen) food or "ready-to-serve" food.

Nous préférons du pain frais, du poisson frais, de la viande ou des volailles fraîches, achetés le jour même.

We prefer fresh bread, fresh fish, fresh meat and poultry bought the same day.

La liste des aliments que nous consommons souvent durant le déjeuner :

The list of food that we consume often during lunch:

Pain – baguette, petits pains / *Bread – baguettes, bread rolls*

Salade – laitue / *Salad – lettuce*

Asperges / *Asparagus*

Poisson – filets de sole, cabillaud, truite / *Fish – sole fillets, haddock, trout*

Omelettes – au fromage, aux champignons, aux fines herbes / *Omelets – cheese, mushroom, herbs*

Soupes – de poulet, oignons, champignons / *Soups – chicken, onion, mushroom*

Fruits de mer – crevettes, écrevisses, huîtres, palourdes, homards, moules / *Seafood – shrimps, prawns, oysters, clams, lobster, mussels*

Œufs sur le plat, pochés / *Eggs sunny-side-up, poached*

Côtelettes de porc / *Pork chops*

Veau panné / *Panned veal*

Volailles – poulet, canard, pigeons / *Poultry – chicken, duck, pigeons*

Beefsteak / *Steaks*

Pommes de terre, patates douces / *Potatoes, sweet potatoes*

Pommes frites / *French fries*

Légumes – des carottes, céleris, endives, petits pois, haricots verts, haricots blancs, épinards, choux de Bruxelles, choux rouges / *Vegetables – carrots, celery, endives, peas, green beans, wax beans, spinach, Brussels sprouts, red cabbages*

Pâtes – spaghettis, raviolis, linguinis, lasagnes / *Pastas – spaghettis, raviolis, linguini, lasagnas*

Fromages – blanc, camembert, brie, gruyère, chester, un bleu / *Cheeses – cream cheese, camembert, brie, Swiss cheese, cheddar, blue cheese*

Desserts – fruits, crème glacée, mousses, crème caramélisée, crêpes / *Desserts – fruit, ice cream, mousses, caramel pudding, crepes*

Boissons – vins blancs, vins rouges, citronnades, eau minérale / *Drinks – white wines, redwines, lemonades, mineral water*

There are probably hundreds more food that we eat at lunch or dinner, but the above is a basic list that should help you either to buy your groceries or read a restaurant menu. Also, the food listed above may be prepared in many different ways, depending on where you decide to stay or live in France. For example, there are thousands of red wines and some recipes will call for Bordeaux or Bourgogne wine, while some other food will be prepared with garlic in the south of France, and with other herbs in the north.

On the other hand, when you shop for food, you will find pork chops, for example, at the "charcuterie" – not at the butcher. The *charcuterie* is equivalent to a "Deli" in Anglo-Saxon countries. There you can find most prepared meats such as sausages, salamis, cold cuts, etc. When it comes to vegetables or fruit, the open markets are the best. As for groceries, you can find most things at the corner store or at the supermarkets – including wine and liqueurs.

When it comes to the evening meals, which is either dinner or supper, it consists mostly of the same food as the one listed for lunch, but most families consume a light dinner composed of salads, bread and cheese, or maybe a pizza (rare).

If these menus sound extravagant to most people, one has to remember that each portion is really small. You might have fish, veal, and dessert at lunch, and still be satisfied but not feeling as if you had a huge meal.

After lunch we return to work until six or even seven o'clock at night. The children come home at 5:00 pm and have a "collation" before doing their homework. This "collation" or "snack" generally consists of a piece of bread with chocolate spread or jam and a glass of milk. Cookies, biscuits, and candies are not often the children's favorite. They prefer eating fruit or a sweet bread than candies. Sometimes they will eat chocolates. I know that sounds odd, but they imitate their parents – if you don't eat sweets, they won't either.

Entertainment – Les distractions

Our entertainment at home is comparable to what you would find in most countries. We watch television, read, and play cards or board games and when the weather is nice; we play some "footy" outside with the children or neighbors. In the south of France people play "pétanque" (similar to lawn balls).

Quand les enfants rentrent de l'école, et après qu'ils ont fini leurs devoirs et que nous avons dîné, nous regardons souvent la télévision.

When the children come back from school, and after they have done their homework and we have eaten dinner, we often watch television.

Les programmes français sont à peu près les mêmes qu'en Amérique du Nord.

The French programs are almost the same as those in North America.

Mais en France, il y a plus de débats politiques télévisés et plus de discussions sur toutes sortes de sujets.

But in France, there are more televised political debates and more discussions on all sorts of subjects.

Les films télévisés sont soit en français, soit sous-titrés ou bien encore doublés.

The televised movies are either in French or sub-titled or dubbed.

Il y a aussi beaucoup de jeux télévisés et d'autres programmes intéressants avant et après le journal.

There are also many televised games and other interesting programs before and after the news.

Les films français sont différents de ceux filmés en Amérique.

The French movies are different from those shot in America.

En ce qui concerne l'Internet, nous ne l'utilisons pas très souvent.

Concerning the internet, we do not use it very often.

Ghislain utilise parfois l'ordinateur pour faire ses devoirs.

Ghislain sometimes uses the computer to do his homework.

Michelle est encore trop petite (trop jeune) pour s'y intéresser.

Michelle is still too small (too young) to be interested in it.

Michelle préfère jouer avec ses poupées dans sa chambre ou bien quand elle invite ses petites amies pour passer une après-midi avec elle.

Michelle prefers playing with her dolls in her room or when she invites her (little) friends to spend an afternoon with her.

Ghislain, en été, joue souvent au foot dans le parc voisin avec ses copains.

Ghislain, in the summer, often plays "foot" (soccer) in the nearby park with his friends.

Le « foot » est le nom abrégé pour football, ce que les américains appellent « soccer ».

The "foot" is the short name for football, which the Americans call "soccer".

Les jeunes gens préfèrent jouer au foot qu'au football américain.

The young men prefer playing foot than American football.

Ils jouent aussi au rugby et vont faire du patin à glace en hiver.

They also play rugby and go ice-skating in the winter.

Quand mes parents viennent passer la journée, le dimanche, avec nous, nous jouons aux cartes après notre (le) repas.

When my parents come to spend the day with us, on Sunday, we play cards after our (the) meal.

Quand il fait beau, nous allons nous promener en famille dans le parc du voisinage.

When the weather is nice, we go for a walk with the family in the neighborhood park.

Nous n'allons pas souvent au cinéma, mais Gisèle aime bien les films romantiques, alors nous y allons quand il y a un bon film au cinéma du quartier.

We don't often go to the movies (cinema), but Gisèle likes romantic movies, so we go when there is a good movie at the neighborhood theatre.

Pour ma part, je préfère les films d'action ou les films genre James Bond.

As for me, I prefer action movies or movies of the James Bond genre.

Il y aussi de bons Disney pour les enfants.

There is also good Disney's (movies) for the kids.

Alors nous les emmenons voir ça le samedi après-midi, surtout quand il fait mauvais temps.

So, we take them to see it (those) on Saturday afternoon, mostly when the weather is bad.

Gisèle et moi allons parfois au restaurant à l'occasion de notre anniversaire de mariage ou bien à la Saint Valentin, ou bien encore pour célébrer un évènement exceptionnel.

Gisele and I go sometimes to the restaurant on the occasion of our wedding anniversary or at St. Valentine, or even to celebrate an exceptional event.

Parfois je vais prendre un pot avec les copains du bureau au bar du coin.

Sometimes I go for a drink (a pot) with my friends from the office at the corner pub (bar).

Gisèle va parfois passer une soirée avec ses amies soit au restaurant ou bien à faire du lèche-vitrine en ville.

Gisele goes sometimes to spend an evening with her friends either at a restaurant or to do some window-shopping in town.

The evening at home – *La soirée à la maison*

Depending on where you live in France, the evenings and night could be spent at home in front of the TV or stretch into the night and spent with friends around the kitchen table.

Here is what happens at our place.

Vers huit heures du soir les enfants vont se brosser les dents et enfiler leurs pyjamas.

Around eight o'clock in the evening the children go to brush their teeth and slip into their pajamas.

Après quoi, ils viennent au salon pour nous dire bonne nuit.

After which they come down to the living room to say good night.

Gisèle les accompagne dans leur chambre et les met au lit.

Gisele escorts them to their room and puts them to bed.

Elle bavarde avec eux pendant quelques minutes et éteint les lumières.

She talks to them for a few minutes and (then) turns off the lights.

Quand elle est certaine qu'ils n'ont besoin de rien de plus, elle vient me rejoindre au salon.

When she is sure that they don't need anything more, she comes and joins me in the living room

Nous passons le reste de la soirée soit à regarder un film à la télé ou bien à bavarder.

We spend the rest of the evening either watching a movie on TV or talking.

Le samedi, nous allons parfois au restaurant avec les enfants.

On Saturday we sometime go to the restaurant with the kids.

En France, les restaurants acceptent souvent les enfants – même si le restaurant sert du vin ou des boissons alcoolisées.

In France the restaurants often accepts children – even if the restaurant serves wine or alcoholic beverages.

Pendant la semaine nous ne sortons pas souvent à moins que nous soyons invités chez des amis.

During the week we don't go out often unless we are invited at some of our friends' place.

SCHOOL

Schools in France are somewhat different than those found in Anglo-Saxon countries. There are generally 12 years of studies divided in two terms of 6 years; primary (elementary) school and secondary (high) school. In the last decades, the ministry of education has put in a grade 13 for those students who are planning to further their education at the university. Of course, depending on which school you choose for your children the curriculum may vary. Basically if the children go to a public (government) school, the curriculum in primary school will comprise reading, writing, arithmetic, social courses, etc., and the learning of one or two second languages. In secondary school, the number of mandatory languages may be as high as four foreign languages required to pass your school year or diploma.

Another item that you will need to consider is whether to enroll your child in an all-girls or an all-boys schools. There are also many more religiously-based schools.

If you have children in school age and have decided to live in France, the best thing to do is to go to the school of your choice and discuss these education matters with the principal.

So, let's start talking about this....

People at school – Les gens à l'école

Le directeur (ou la directrice) de l'école supervise l'administration de l'école.

The director of the school supervises the administration of the school.

Le directeur veille à l'éducation des enfants de l'école.

The principal looks after the education of the children in school.

Le sous-directeur est généralement en charge des programmes scolaires

The vice-principal is generally in charge of the curriculum of the school.

Les instituteurs et institutrices donnent les leçons aux enfants des écoles primaires.

The instructors give the lessons to the kids in primary schools.

Les professeurs enseignent dans les écoles secondaires.

The professors teach the courses in the secondary schools.

Les enfants portent parfois un uniforme ou un tablier de classe (pour les filles).

The children sometimes wear a uniform or a class pinafore (similar to a lab coat for the girls).

Aux jardins d'enfants, les garçons et les filles vont en classe ensemble.

In the kindergarten, the boys and girls go to class together.

Les enfants, à l'âge de six ans, vont à l'école primaire.

The children, at the age of six go to primary school.

Après six ans d'école primaire, les enfants vont au lycée.

After six years of primary school, the children go to high school.

Classes and offices of the school – les classes et bureaux de l'école

Le directeur, le sous-directeur (ou directrice) de l'école ont un bureau particulier (privé) dans l'école.

The principal, the vice-principal and the director of the school have each a private office in the school

Le bureau d'administration est souvent situé près des bureaux de la direction de l'école.

The administration office is often located near the offices of the direction of the school.

Les classes sont en général situées le long des couloirs aux étages supérieurs du bâtiment.

The classrooms are generally located along corridors on the upper floors of the building.

Les pupitres dans les classes sont souvent des tables de deux étudiants.

The school desks in the classes are often tables for two students.

Ces bureaux ne comprennent pas de place pour y mettre les livres.

These desks do not comprise a space to store the books.

Les enfants doivent souvent transporter les livres dont ils ont besoin durant la journée dans leur cartable.

The kids must often transport the books they need during the day in their school bag.

Quand ils ont besoin de livres qui ne sont pas sur la liste des livres d'école, ils vont à la librairie pour les acheter.

When they need books that are not on the school books' list, they go to the bookstore to buy them.

Etant donné que la plupart des enfants rentrent chez eux pour le déjeuner, il n'y en général pas de salle à manger dans l'école.

Since most of the children go home for lunch, in general there is no lunch room in the school.

Recreation areas – Les endroits de récréation

Il y a souvent deux cours de récréation dans chaque école.

There are often two recess courts in each school.

Il y a aussi des salles de gymnastique que l'on utilise pour les cérémonies de fin d'année scolaire.

There are also some gymnasiums that we use for the end-of-the-year ceremonies.

Dans les anciennes écoles ou dans les écoles religieuses, il y a parfois un parc adjacent à l'école.

In the old schools or in the religious schools, there is sometimes a park close to the school.

Les sports se pratiquent en général en dehors de l'école, sur les terrains de jeux.

Sports are generally practiced outside of the school grounds, in the sports' fields.

Dans certaines écoles d'apprentissage, il y aussi des lieux de repos pour les apprentis.

In some apprentice schools, there are rest areas for the apprentices.

Dans les universités, il y a des parcs qui entourent l'institution académique.

In the university, there are parks that surround the academic institution.

Dans les jardins d'enfants, on y trouve souvent des terrains de jeux avec des balançoires et des toboggans pour les petits enfants.

In the kindergartens, we often find some gardens (playgrounds) with some swings and slides for the small children.

Dans les écoles religieuses, il y souvent une chapelle de recueillement pour les étudiants.

In the religious school, often there is a chapel for the students' devotions.

Lunch time – L'heure du déjeuner

Dans certaines régions, les enfants rentrent chez eux pour le déjeuner. Ils utilisent les modes de transport en commun pour rentrer à la maison.

In some areas, children go home for lunch. They use the transit system (transport in common) to go home.

Ils prennent soit le bus soit le métro, ou bien encore le tram – cela dépend de la ville où ils habitent.

They take the bus or the metro, or even the tramway – it depends on the city where they live.

S'ils ne rentrent pas à la maison pendant l'heure du déjeuner, ils prennent un casse-croûte avec eux dans leur cartable.

If they cannot go home during the lunch hour, they take a snack with them in their school bags.

Ils mangent leurs sandwiches à l'extérieur durant les beaux jours ou bien dans leur classe s'il pleut.

They eat their sandwiches outside during the nice days or in their class room if it rains.

Ils boivent des jus de fruits ou bien des petits sodas.

They drink fruit juices or small sodas.

Comme dessert, ils mangent un fruit, un morceau de fromage ou un petit gâteau.

For dessert they eat a fruit, a piece of cheese or a small cake.

Dans certaines écoles plus modernes, et surtout quand les parents font la « journée continue » et ne rentrent pas durant l'heure de midi, il y a des salles de déjeuner pour les enfants.

In some more modern schools, and especially when the parents do a "continual day", and do not go home during noon hour, there are some lunch rooms for the kids.

Voici une liste des objets que vous devrez acheter pour vos enfants s'ils vont à l'école en France :

Here is a list of the items that you may have to buy for your children if they go to school in France.

Journal de classe / *School diary*

Porte-plume / *Fountain pen*

Bic ou stylo à bille / *"Bic pen" or ballpoint pen*

Crayons / *Pencils*

Crayons de couleur / *Color pencils*

Gommes / *Erasers*

Papier / *Paper*

Papier cartonné / *Cardboard paper*

Règles et coupas / *Rulers and compass*

Colle à papier / *Paper glue*

Papier collant / *Scotch tape*

Trombones / *Paper clips*

Agrafeuse, agrafes / *Stapler, staples*

Carnets de notes / *Grade books*

Livres de classes / *Text books*

Livres de lecture / *Reading books*

Dictionnaire – Larousse / *Dictionary – Larousse*

Cartable / *School bag*

Ordinateurs portables (pour les enfants plus âgés) / *Portable computers (laptop – for older kids)*

Ces objets sont similaires à ceux dont vous aurez besoin au bureau.

These items are similar to those you will need in the office.

Intra-mural activities – Les activités dans l'enceinte de l'école

Les activités dans l'enceinte de l'école – en dehors des heures d'études – ne sont pas nombreuses.

The intra-mural activities – outside of the studying hours – are not numerous.

Elles dépendent de l'école.

They depend on the school.

Les écoles religieuses encouragent les étudiants à participer à des activités religieuses, telles que la prière avant le commencement des cours, ou l'étude des livres saints en dehors des heures de classe.

The religious schools encourage the students to participate in religious activities, such as praying before the beginning of the courses, or study the sacred scriptures outside of the hours of classes.

Dans les écoles privées, les enfants participent à des activités telles que le fleuret, le karaté, le yoga, la danse, la peinture, etc.

In the private schools, the children participate in activities such as fencing, karate, yoga, dance, painting, etc.

Extra-mural activities – les activités en dehors de l'école

Celles-ci par contre sont innombrables. Très souvent il s'agit de sports dont la natation.

These, on the contrary are innumerable. Very often it comprises sports including swimming.

Voici une liste des sports favoris en France :

Here is a list of favorite sports in France:

Le football / *Soccer*

Le basket-ball / *Basketball*

Le volley-ball / *Volleyball*

Le rugby / *Rugby*

La pétanque / *Lawn ball*

Le golf / *Golf*

Le tennis / *Tennis*

La natation / *Swimming*

Le plongeon de haut vol / *High dive (not common)*

La plongée sous-marine / *Scuba-diving*

Le ski / *Ski*

Le patinage sur glace / *Ice skating*

Le hockey sur glace (moins commun) / *Ice hockey (less common)*

La course de vélos / *Bike race*

La course de voitures / *Car race*

La course à pied / *Running race*

Les marathons / *Marathons*

Les compétitions d'armes à feu / *Firearms competitions*

La chasse au gibier / *Small game hunting*

Faire de la voile / *Go sailing*

Une course de voiliers / *Sailing boat (yacht) racing*

Les régates / *Regattas*

Le ski nautique / *Water skiing*

Kids go home – Les enfants rentrent à la maison

Quand les enfants sont encore à l'école primaire, souvent la maman ou le papa vont chercher les enfants à l'école.

When the children are still in primary (elementary) school, often the moms and dads fetch the kids from school.

Si les enfants sont capables de trouver leur chemin de retour, ils rentrent chez eux à pied, ou prennent le bus ou le métro.

If the kids are capable to find their way home, they go home either on foot or they take the bus or the metro.

Si les parents ont une voiture et sont disponibles pour aller chercher les enfants à l'école, ils font un détour en rentrant du bureau et passent prendre les enfants avant de rentrer à la maison.

If the parents have a car and are available to fetch the kids from school, they take a detour from the office and pass by the school to pick up the kids before going home.

Très souvent les enfants se rendent à l'école ou rentrent à la maison en groupe.

Very often the children go to school or return home in a group.

Il est rare de voir un enfant marcher seul en ville.

It is rare to see a child walk alone in town.

Pour prendre le bus ou le métro les parents achètent des passes mensuels.

To take the bus or the metro, the parents buy some monthly passes.

Homework – Les devoirs d'école

Les enfants à l'école primaire n'ont généralement pas beaucoup de devoirs.

The children in primary school generally do not have much homework.

Aussitôt qu'ils passent à l'école secondaire, les devoirs augmentent.

As soon as they reach secondary school, the homework increases.

Ils passent souvent deux, trois ou même quatre heures à faire leurs devoirs.

They often spend two, three or even four hours to do their homework.

Il est courant de voir les jeunes hommes travailler jusqu'à minuit.

It is usual to see young men work until midnight.

Cela dépend aussi du programme scolaire de l'école ou du choix des cours.

It depends also on the curriculum of the school and on the choice of courses.

Par exemple, si un garçon décide de virer sur des études techniques ou scientifiques dès la septième année, il aura beaucoup plus de devoirs que la fille qui a choisi de faire des études sociales.

For example, if a boy decides to veer toward technical or scientific studies from the seventh year (grade), he will have much more homework than the girl who has chosen to take social studies.

Les enfants doivent habituellement choisir « une carrière » quand ils commencent l'école secondaire.

The children must usually choose a "career" when they begin secondary school.

Si l'enfant montre un penchant pour les maths ou les sciences, les parents l'inscriront dans une section technique ou scientifique de l'école.

If the child demonstrates a penchant (liking) for math or science, the parents will enroll him (or her) in a technical or scientific section of the school.

Si par contre l'enfant préfère les arts ou la littérature, ce dernier sera inscrit dans une section gréco-latine par exemple.

If, on the contrary, the child prefers the arts or literature, the latter will be enrolled in a "Greco-Latin" section, for example.

AT WORK

Work places vary from trade to trade. Since I am a financial advisor, I will describe my daily routine going to and from work and some of what I do. Although I would be hard pressed to describe the day of a construction worker, most of the words and sentences I will use in this section are spoken by any person working today in Paris.

Rush Hour (morning) – l'heure de pointe

The expression "heure de pointe" comes from an era when most workers had to "punch" (pointer) time-in and time-out on a card.

La plupart du temps, je prends la voiture pour me rendre à la station de métro.

Most of the time, I take the car to go to the metro station.

Je gare la voiture dans un parking proche de la station de métro.

I park the car in a parking lot (garage) near the metro station.

Comme j'ai une carte mensuelle, je passe la carte devant la bande magnétique à l'entrée du métro.

Since I have a monthly card, I scan the card in front of the scanner at the entrance of the metro.

Je descends l'escalator jusqu'à la porte qui donne sur le quai du métro.

I go down the escalator until (to) the door that gives onto the platform of the metro.

Lorsque le train arrive, je monte dans le wagon et je vais prendre place sur un siège près de la porte.

When the train arrives, I climb into the car and go to take a seat near the door.

S'il n'y a pas de siège libre, je reste debout jusqu'à la station suivante.

If there is no free seat, I remain standing until the next station.

Si vous vivez en ville, il est plus pratique de prendre le métro pour aller au travail.

If you live in town, it is more practical to take the metro to go to work.

Le trafic dans Paris est parfois impossible, surtout à l'heure de pointe.

The traffic in Paris is sometimes impossible, especially during rush hour.

Les rues de Paris sont très étroites et il n'y a pas beaucoup de grandes artères.

The streets of Paris are very narrow and there are not many large arterial roads.

Les gens arrivent au travail vers huit heures du matin – cela dépend des heures d'ouverture de l'entreprise ou du magasin.

People arrive at work around eight in the morning – it depends on the open-hours (business hours) of the enterprise (business) or shop.

Cela me prend habituellement une heure pour arriver au bureau.

It takes me usually an hour to reach the office.

Comme j'habite en banlieue, je ne rentre pas pour le déjeuner.

Since I live in the suburbs, I don't go home for lunch.

Je fais la « journée continue » et je « descends » du travail vers cinq heures du soir.

I do "a continual day" and "quit" (come down from) work at around five o'clock in the evening.

People at work – Les gens au travail

Les gens qui travaillent dans les bureaux sont en général des personnes éduquées.

The people who work in the offices are generally educated people.

Le directeur (le patron) de la firme (qu'on appelle « une boite » en langage populaire) travaille dans le bureau de direction.

The director (the boss) of the firm (which we call "a box" in popular language) works in the head office.

Il a un grand bureau et une secrétaire qui veille à tous ses besoins.

He has a big office and a secretary who takes care of his every need.

Les employés varient d'entreprise à entreprise.

The employees vary from enterprise to enterprise.

Il y a des techniciens, des ingénieurs, des assistants, des comptables, un ou deux chefs de personnel, des secrétaires, et des employés non qualifiés.

There are technicians, engineers, assistants, accountants, one or two heads (chiefs) of personnel, secretaries, and some unqualified employees.

Je travaille dans une firme financière qui s'occupe d'investissements privés.

I work in a financial institution which looks after private investments.

Je suis en général très occupé avec les clients soit au téléphone soit en personne.

I am generally very busy with the clients either on the phone or in person.

J'envoie aussi beaucoup de courriers électroniques – courriels – aux firmes dont nous sommes les représentants.

I send also many electronic correspondences – emails – to the firms of which we are the representatives.

La secrétaire de mon groupe veille aux rendez-vous avec les clients.

The secretary of my group looks after the meetings with the clients.

Lorsque j'ai un rendez-vous à l'extérieur du bureau, je prends soit le métro soit un taxi pour m'y rendre.

When I have an appointment (a meeting) outside of the office, I take the metro or a cab to go to it.

Si l'entretien avec le client se tient au bureau, je l'invite à s'asseoir dans la salle de conférence aussitôt qu'il / elle arrive.

If the meeting with the client takes place at the office, I invite him/her to take a seat in the conference room as soon as he/she arrives.

Après ce genre d'entretien, je fais un rapport pour le directeur.

After this sort of meeting, I make a report for the director.

Ce dernier demande d'être tenu au courant de tout ce qui se passe dans la firme.

The latter demands to be kept informed of everything that happens in the firm.

J'écris ces rapports sur mon ordinateur et je l'envoie au directeur par courriel.

I write these reports on my computer and I send them to the director via email.

Nous n'avons pas beaucoup de temps pour bavarder entre collègues durant les heures de travail.

We don't have much time to chat between colleagues during office hours.

Néanmoins nous prenons notre temps durant l'heure du déjeuner pour bavarder librement.

However, we take our time during lunch to chat freely.

Quand il fait beau, je vais me promener dans le parc près du bureau.

When it's nice, I go for a walk in the park near the office.

Quand il fait mauvais, je reste au bureau pour manger mon casse-croûte et pour lire un livre intéressant ou le journal que j'ai acheté avant d'arriver au bureau.

When the weather is bad, I stay in the office to eat my snack and to read an interesting book or the newspaper that I bought before I came to the office.

Mes collègues font souvent de même que moi, et nous nous réunissons durant l'heure de midi pour « papoter ».

My colleagues often do the same as I do, and we gather during the noon hour to chit-chat.

Nous aimons bavarder des bruits ou des rumeurs qui courent dans le bureau ou dans le domaine politique.

We like to chat about the gossips (noises) and rumors that float about the office or in the political domain.

Offices &equipment – Les bureaux & équipement

The offices and their equipment are probably similar in every country.

Below is a list of office rooms and equipment used in many offices.

Bureau du directeur / *Director's office*

Bureau d'administration / *Administration's office*

Secrétariat / *Secretaries' office*

Bureau ou hall de réception / *Reception hall or reception desk*

Salle de conférence / *Conference room*

Bureau divisionnaire / *Divisional office*

Papeterie / *Stationery room*

Magasin, entrepôt / *Storage room*

Table de bureau / *Office table*

Chaise de bureau / *Office chair*

Armoire ou casier à dossiers / *Filing cabinet*

Tiroir à dossiers / *Filing drawer*

Ordinateurs / *Computers (desktops)*

Ordinateurs portables / *Laptops*

Ecran d'ordinateur / *Computer screen*

Table à dessin / *Drafting table*

Table sur roulettes / *Table on casters*

Lampes de bureau – fluorescentes / *Office lamps – neon*

Carnets d'horaires / *Diaries*

Carnets de rendez-vous / *Appointment diaries*

Téléphone de bureau / *Office phone*

Panneau téléphonique / *Phone switchboard*

Livres de comptes / *Accounting books*

Carnets de notes / *Notebooks*

Copieuse / *Copy machine*

Fax / *Fax machine*

Machine à timbrer / *Stamp machine*

Coupe-papier / *Letter opener*

Pointes feutres / *Fel tpens*

Tableau noir (de présentation) / *Blackboard (white board)*

Tableau d'annonces / *Notice board*

Office activities – Les activités au bureau

J'arrive au bureau un peu avant huit heures.

I arrive at the office a little before eight o'clock.

Je prends l'ascenseur jusqu'au vingtième étage, où se trouve mon bureau.

I take the elevator (lift) to the twentieth floor, where my office is located.

La réceptionniste est déjà à son poste depuis 7h30 pour répondre aux coups de téléphone.

The receptionist is already at her post since 7:30 to answer the phone calls.

Je la salue et je vais directement m'asseoir à mon bureau.

I say hello to her and I go directly to sit at my desk.

J'allume mon ordinateur et vérifie les courriels que j'ai reçus durant la nuit.

I boot up my computer and check the emails that I received during the night.

Les firmes d'investissement comme la nôtre fonctionnent 24 heures sur 24 et nous devons répondre aux demandes de nos clients et partenaires aussitôt que possible.

The investment firms like ours function 24 hours (24/7) and we have to respond to the demands of our clients and partners as soon as possible.

Aussitôt que la secrétaire de mon groupe arrive, elle vérifie les rendez-vous de la journée avec tous les membres de ma division.

As soon as the secretary of my group arrives, she checks the appointments of the day with all the members of my division.

Je travaille avec des clients locaux, mais leurs investissements peuvent s'étendre n'importe où dans le monde.

I work with local clients, but their investments could extend anywhere in the world.

Si j'ai un rendez-vous sur place – au bureau – avant midi, je prépare le dossier du client avant qu'il n'arrive.

If I have an appointment on site – in the office – before noon, I prepare my client's file before he/she arrives.

Entre-temps, je téléphone aux différents bureaux d'investissements pour obtenir des informations sur les derniers produits arrivés sur le marché financier durant la nuit précédente.

In the meantime, I phone various investment offices to obtain some information on the latest products that have arrived on the financial market during the preceding night.

Quand le client et moi avons terminé notre entrevue, je retourne à mon bureau pour écrire mon rapport au directeur.

When the client and I have ended our meeting, I go back to my office to write my report to the director.

Si j'ai du courrier qui doit être posté le soir même, je rédige mes lettres sur mon ordinateur.

If I have correspondence that should be posted that night, I write my letters on my computer.

Je réserve souvent mes rendez-vous à l'extérieur pour l'après-midi, quand il y a moins de trafic en ville.

I often keep my appointments outside of the office for the afternoon, when there is less traffic in town.

Lorsque j'ai archivé tous mes rapports de la journée, il est bientôt l'heure de rentrer à la maison.

When I have filed (archived) all my reports of the day, it is soon time to go home.

Evening rush hour – L'heure de pointe (soir)

In some areas, "l'heure de pointe" in the evening is also called "l'heure de la descente" which is an old French expression that dates back from a time when the workers would "come down" from their place of work.

Etant donné qu'il y a énormément de bureaux qui ferment leurs portes à cinq heures du soir, j'essaye toujours de partir un peu avant l'heure ou bien après l'heure.

Since there are many offices that close their doors at five in the evening, I always try to leave a little before the hour or well after the hour.

Une fois sorti du travail, je fais le chemin inverse pour aller prendre le métro près de la gare centrale.

Once I leave work, I retrace my steps to go to take the metro near the Central Train station.

Le métro à cette heure-là est généralement bondé et il n'y a pas de place pour s'asseoir avant d'arriver en banlieue.

The metro at that hour is generally packed and there is no spot to sit down before arriving in the suburbs.

Une fois que j'arrive au parking, je reprends ma voiture et je vais faire quelques courses pour Gisèle.

Once I arrive at the parking lot, I take my car back and I go to run some errands for Gisele.

Si elle a besoin de lait, de pain, ou de quoi que ce soit qu'elle aurait oublié en faisant son marché du matin, elle me passe un coup de téléphone et je passe chez le marchand pour acheter tout ça.

If she needs milk, bread, or anything that she may have forgotten when she went shopping in the morning, she gives me a call and I drop by the shop to buy all that.

Les enfants font de même s'ils ont besoin que j'achète quelque chose pour l'école.

The kids do the same if they need me to buy them something for school.

Pour ma part, je passe par la station-service pour faire le plein d'essence une fois par semaine et là, je m'achète un magazine pour lire le soir.

For my part, I drop by the service station to fill up (the car) with gas once a week, and there I buy a magazine to read in the evening.

Quand je rentre à la maison, la table est mise pour le dîner.

When I come home, the table is set for dinner.

Durant le dîner, les enfants nous racontent les évènements de la journée, ce qu'ils ont fait à l'école et s'ils ont eu des ennuis en classe.

During dinner, the kids tell us about the events of the day, what they did in school and if they had some troubles in class.

Gisèle me fait part de ce qui s'est passé au travail, si elle a travaillé ce jour-là.

Gisele tells me what happened at work, if she has gone to work that day.

En ce qui me concerne, étant donné que mon travail est en général confidentiel, je n'en parle pas beaucoup, à moins qu'il y ait eu un évènement marquant parmi mes collègues.

When it comes to me, since my work is generally confidential, I don't talk about it a lot, unless there was an event of mark among my colleagues.

Il y a parfois un mariage ou une naissance qui s'annonce ou bien l'anniversaire de l'un de nos amis qui approche, alors nous planifions une fête pour célébrer ça.

Sometimes there is a wedding or a birth that is announced, or a birthday for one of our friends coming up, so we plan a party to celebrate it.

Quand les enfants ont fini de manger, ils aident leur mère à débarrasser la table et à mettre la vaisselle dans l'évier.

When the kids have finished eating, they help their mother to clear the table and to put the dishes in the sink.

Gisèle et moi faisons la vaisselle ensemble et les enfants jouent dans le salon.

Gisele and I do the dishes together and the children play in the living room.

Si Ghislain a encore des devoirs à finir, il retourne dans sa chambre pour terminer son travail.

If Ghislain has some homework to finish, he goes back to his room to finish his work.

Les soirées sont souvent calmes pendant la semaine car nous sommes assez fatigués.

The evenings are often quiet during the week because we are quite tired.

Les journées sont pleines et souvent éreintantes.

The days are full and often tiring.

SHOPPING

Such as in most countries, the choice of shops, stores, markets, shopping malls, etc. depends largely on what you wish to buy. Probably the major difference between European countries and North America is the near absence of shopping malls in most regions of France. Shopping habits – for groceries in particular – are quite different than those found in North America. Most women (and men) prefer buying their bread, meat and produce every day, rather than once a week. Therefore, the sentences in this section attempt to describe the shopping habits of my compatriots.

Stores – magasins

La plupart des magasins et grands magasins à Paris sont situés au centre-ville.

Most of the stores and department stores in Paris are located downtown.

Il y a aussi beaucoup de magasins dans les centres urbains des banlieues.

There are also many stores in the urban centers in the suburbs.

Les magasins, en général, maintiennent un inventaire de marchandises qui répondent à la demande du client.

The stores, in general, maintain an inventory of merchandizes that respond to the demand of the client.

Les magasins de vêtements, de chaussures, et d'accessoires vestimentaires ne vendent rien d'autre.

The clothing stores, shoes, and clothing accessories do not sell anything else.

Chaque magasin est spécialisé dans le genre d'article qu'il vend.

Each store is specialized in the sort of article it sells.

Voici une liste de marchandises que vous pouvez trouver dans ces magasins:

Here is a list of merchandizes that you can find in these stores:

Vêtements / Clothing

Pantalons / *Trousers, pants*

Costume pour homme / *Man's suit*

Tailleur pour dame / *Woman's suit*

Chemises / *Shirts*

Blouses / *Blouses (lady's shirts)*

Vestes / *Jackets*

Jupes / *Skirts*

Robes / *Dresses*

Manteaux / *Coats*

Gants / *Gloves*

Chapeaux / *Hats*

Chaussures (pour hommes) / *Shoes (for men)*

Chaussures et bottes (pour dames) / *Shoes and boots (for women)*

Foulards, écharpes / *Scarves, mufflers*

Lingerie / *Lingerie*

Parfumerie – droguiste / Perfumery – drugstore

Cosmétiques /

Parfum – eau de Cologne /*Perfume – cologne*

Déodorants /*Deodorants*

Shampoings /*Shampoos*

Nécessaire de toilette / Toilet kit

Médicaments / Medications (over the counter)

Savon à main / Hand soap

Lotion pour le corps / Body lotion

Crème à raser – rasoir / Shaving cream – razor

Lotion après-rasage / after-shave lotion

Mobilier / Furniture

Meubles de maison / *Household furniture*

Table de salon, de cuisine / *Living room table, kitchen table*

Table de salle à manger / *Dining room table*

Fauteuil / *Living room chair*

Chaise / *Chair*

Etagères / *Shelves*

Buffet de salle à manger / *Sideboard*

Bibliothèques / *Book shelves*

Lits d'enfants / *Children's beds*

Lits d'une personne, deux personnes / *Single beds, double beds*

Tables de nuit / *Night tables*

Penderies / *Wardrobes*

Commodes / *Dressers*

Chaises longues / *Lounge chairs*

Accessoires / *Accessories*

Lampes de bureau, de table / *Desk lamps, table lamps*

Lampes sur pied / *Free standing lamps*

Chandelier de salle à manger / *Dining room chandelier*

Table basse / *Coffee table*

Table de couloir / *Hall table*

Portemanteaux / *Coat hangers – portmanteaux*

Ecritoire, secrétaire / *Secretaries' desk*

Vases / *Vases*

Ornements / *Ornaments*

Electronique / *Electronic equipment*

Télévision / *Television*

Télévision portable / *Portable TV*

Télévision grand écran / *Large screen TV*

Table de télévision / *Television table*

Ordinateurs / *Computers*

Système stéréo / *Stereo system (audio system)*

Autres accessoires électroniques / *Other electronic accessories*

Meubles de jardin / *Garden furniture*

Tables et chaises de jardin / *Tables and garden chairs*

Chaise longue / *Lounge chair*

Table de service / *Serving table*

Parasol / *Parasol*

Magasin de quincaillerie / *Hardware store*

Outils pour la maison / *Household tools*

Marteau / *Hammer*

Clous / *Nails*

Tournevis / *Screw driver*

Vis / *Screws*

Scies à main ou électriques / *Hand or electric saws*

Peinture (un litre de peinture) / *Paint (a liter of paint)*

Brosses à peinture / *Paint brushes*

Rouleaux à peinture / *Rollers*

Echelles / *Ladders*

Papier peint / *Wallpaper*

Colle à papier peint / *Wallpaper glue*

Plancher ou carrelage de salle de bain / *Floor or bathroom tiles*

Planches / *Wooden boards (planks)*

Mètre ruban / *Measuring tape*

Tous les articles sur cette liste peuvent aussi être achetés dans les grands magasins, comme Les Galeries Lafayette à Paris.

All the articles on this list can also be purchased in the department stores, such as the Galleries Lafayette in Paris.

Small shops and boutiques – petits magasins et boutiques

Les petits magasins « du coin » vendent souvent des articles et des produits dont nous avons besoin tous les jours.

The little "corner" stores often sell articles and products that we need every day.

Ils vendent des produits alimentaires, des légumes frais et en boite, du riz, de la farine, etc.

They sell nutritional products, fresh and can (tin) vegetables, rice, flour, etc.

Le plus souvent vous trouverez…

Most often you will find…

Du pain chez le boulanger.

Bread at the bakery.

De la viande chez le boucher.

Meat at the butcher's.

Du poisson chez le poissonnier.

Fish at the fish monger shop.

Du fromage et des viandes cuites chez le charcutier.

Cheese and cold meat at the deli.

Des œufs et les produits laitiers chez l'épicier (l'épicerie).

Eggs and dairy products at the grocer's.

Et le journal (ou un magazine) chez le marchand de journaux.

And the newspaper (or a magazine) at the newsagent.

Les boutiques vendent le plus souvent des produits spéciaux, comme des parfums, des ornements, des vêtements et des chaussures «haute couture», des accessoires de renom, et d'autres articles que l'on ne trouve pas ailleurs.

The boutiques sell more often specialized products, such as perfume, ornaments, clothing and shoes from "the couturiers", renowned accessories, and other articles that we cannot find elsewhere.

Les couturiers parisiens sont rassemblés le long de la rue de Rivoli à Paris.

The Parisian couturiers are assembled along the Rue de Rivoli in Paris.

Leurs boutiques et leurs étalages de vêtements «dernier cri» font toujours l'envie des femmes qui passent devant leurs vitrines.

Their boutiques and their displays of "latest fashion" clothes are always the envy of the women who pass in front of their shop windows.

Supermarkets – Les supermarchés

La clientèle des supermarchés est bien aussi nombreuse qu'en Amérique du Nord.

The supermarkets do have as big a clientele as those in North America.

Les femmes françaises (et les hommes aussi) préfèrent faire leurs achats journellement.

The French women (and the men, too) prefer doing their shopping daily.

Mais quand vous avez un congélateur (freezer) vous pouvez acheter des produits surgelés en quantité au supermarché.

But when you have a freezer you can buy frozen products in quantity at the supermarket.

Vous y trouverez les mêmes produits et articles que ceux qui se trouvent dans les magasins du quartier, mais les prix sont un peu plus bas ou comparables.

There you will find the same products and items than those that are in the neighborhood shops, but the prices are a little lower or comparable.

Shopping Malls – Les centres commerciaux

De même qu'en Amérique du Nord, les centres commerciaux sont aménagés pour servir une clientèle variée.

The same as in North America, the shopping malls are laid out to serve a varied clientele.

Vous y trouvez tous les magasins et boutiques que vous trouvez au centre-ville. Il y a aussi d'autres magasins que vous ne trouverez pas en banlieue, tels que les magasins américains, ou les grands libraires, les magasins d'articles électroniques spécialisés et autres.

There you will find all of the stores and boutiques that you find downtown. There are also other shops that you will not find in the suburbs, such as American shops, large bookstores, specialized electronic stores, and others.

Gisèle, les enfants et moi allons parfois aux centres commerciaux en banlieue mais nous y allons seulement lorsque nous faisons des achats particuliers, tels qu'un nouvel ordinateur pour Ghislain, ou des jeans pour les enfants, des chaussures de sport, ou toute autre chose que nous ne trouvons pas ailleurs.

Gisele, the kids and I sometimes go to the shopping mall in the suburb but we only go there when we shop for particular items, such as a new computer for Ghislain, or some pairs of jeans for the children, some sports' shoes, or anything else that we do not find anywhere else.

Nous allons aussi au centre commercial avant les fêtes de Noël pour acheter les cadeaux.

We also go to the shopping mall before the Christmas holidays to buy gifts.

Shopping at the market – Faire des achats au marché

Faire des achats au marché est une expérience à ne pas manquer lorsque vous vivez ou visitez la France.

Doing some shopping at the market is an experience that you should not miss when you live or visit France.

Comme dans tous les marchés du monde, je crois, vous y trouverez pratiquement tout ce que vous cherchez.

Such as in all of the markets of the world, I believe, you will find practically everything you are looking for.

Les articles que l'on trouve au marché sont en général moins chers que ceux vendus dans les magasins.

The articles that we find at the market are generally less expensive than those sold in the stores.

Les vendeurs du marché vous haranguent au passage pour que vous achetiez leurs produits plutôt que ceux de leurs voisins.

The sales clerks at the market harangue you as you pass by for you to buy their products instead of those of their neighbors.

Il baisse les prix si le besoin s'en fait sentir – surtout en fin de journée lorsque le vendeur a besoin de liquider sa marchandise avant de « plier bagage ».

He reduces the price if there is a need to do so – especially at the end of the day when the vendor needs to liquidate his merchandize before "packing his wears".

Il n'est pas conseillé d'acheter des articles électroniques au marché.

It is not advisable to buy electronic items at the market.

Cependant, il est souvent mieux d'acheter les fruits, les légumes, les viandes, les poissons et les volailles au marché – tous ces produits sont très souvent plus frais et moins cher.

However, it is often better to buy fruits, vegetables, meat, fish and poultry at the market – all these items are very often fresher and less expensive.

Mais le marché n'est pas ouvert ou sur place tous les jours, ce qui fait que vous devez profiter du « jour de marché » quand vous en trouvez l'occasion.

But the market is not open or on site every day, so that you have to take the opportunity of the "market day" when it presents itself.

Gisèle achète souvent du tissu au mètre pour coudre des vêtements pour les enfants ou pour renouveler les rideaux de la maison de temps en temps.

Gisele often buys fabric by the meter (yard) to sew some clothes for the kids or to renew the drapes in the house from time to time.

Si elle devait acheter les mêmes tissus chez le drapier ou chez le marchand de tissus elle pourrait payer deux à trois fois le prix de ce qu'elle paie au marché.

If she had to buy the same fabric at the draper or at the fabric shop, she could pay two or three times the price of what she would pay at the market.

Néanmoins, la qualité des articles que l'on trouve au marché n'est pas toujours des meilleures.

Nevertheless, the quality of the articles you find at the market is not always the best.

Au marché, vous trouverez souvent des articles usagés ou des meubles antiques à très bon prix.

At the market you will often find used items or antique furniture at very good price.

J'ai acheté une écritoire dernièrement qui m'a coûté seulement dix Euros.

I bought a scribe's desk lately that only cost me ten Euros.

People who are working in the stores – Les gens qui travaillent dans les magasins

Les personnes qui travaillent dans les magasins sont nombreuses.

The persons who work in the stores are numerous.

Vous trouverez les personnes suivantes dans la majorité des magasins :

You are going to find the following people in the majority of the stores:

Le gérant, la gérante / *The manager*

Un vendeur / *A sale's clerk (masc)*

Une vendeuse / *A sale's clerk (fem)*

Un garde / *A security guard*

Une caissière / *A cashier*

Un caissier / *A cashier*

Un acheteur, acheteuse / *A store buyer*

Un directeur (directrice) de vente / *A director*

Un chef de service / *A chief of service (customer)*

Un boulanger, une boulangère / *A baker*

Un pâtissier / *A pastry person*

Un épicier / *A grocer*

Un charcutier / *A deli person*

Un boucher / *A butcher*

Un grossiste / *A wholesaler*

Home after the shopping – à la maison après les achats

C'est toujours un plaisir de rentrer à la maison après avoir fait des achats, surtout quand nous partons avec les enfants.

It's always a pleasure to come home after shopping, especially when we go out with the kids.

Déballer tous les paquets, ouvrir toutes les boites, et vider tous les sacs est un vrai plaisir pour les enfants

Unpacking all the parcels, opening all the boxes, and emptying all the bags is a real pleasure for the kids.

Quand nous revenons du marché, la voiture est littéralement pleine à ras bord.

When we come back from the market, the car is literally full to the rim.

Gisèle déballe les tissus qu'elle a achetés et les draps devant les enfants pour leur montrer ce qu'elle va en faire.

Gisele unpack the fabrics that she bought and drapes them in front of the kids to show them what she is going to do with it.

Pour ma part, la dernière fois que nous sommes allés au marché, j'ai acheté une vieille lampe de chevet que je vais réparer dimanche prochain.

For my part, the last time we went to the market, I bought a night table lamp that I will repair (fix) next Sunday.

Les enfants ont acheté des jouets et Ghislain a trouvé un T-shirt américaine qui lui ira très bien quand il ira chez ses copains la semaine prochaine.

The kids have bought some toys and Ghislain has found an American T-shirt that will suit him very well when he will go to his friends' place next week.

Gisèle a aussi acheté une nouvelle poupée pour Michelle avec des vêtements pour l'habiller.

Gisele has also bought a new doll for Michelle with some clothes to dress it.

A part tout cela, nous avons acheté assez de victuailles pour nourrir toute une armée.

Apart from all that, we bought enough food to feed a whole army.

Je vais mettre la viande et les volailles dans le congélateur et les légumes dans le réfrigérateur.

I will put the meat and the poultry in the freezer and the vegetables in the fridge.

Après avoir tout déballé, nous allons aller au restaurant du quartier avec les enfants pour dîner ensemble.

After we have unpacked everything, we are going to go to the restaurant in the neighborhood to have dinner together.

CAR & GARAGES

In a relatively small country such as France, where people live close to each other and have many transport in common available to them, a car is a luxury which not everyone can afford. Besides, parking and traffic in the larger cities has become very annoying for most drivers. Yet, a car is necessary when you live in the suburbs or when you have family (parents, close relatives) living in other towns, regions or cities.

Types of cars – Types de voitures

Therefore cars in France are generally small, to navigate your way in and out of narrow streets and to enable you to find parking whenever needed.

En France il y beaucoup de petites voitures.

In France there are many small cars.

Nous avons des voitures fabriquées en Allemagne, en Italie, et en France.

We have cars manufactured in Germany, in Italy and in France.

Nous avons aussi des voitures importées du Japon, et d'Amérique.

We have also cars imported from Japan and from America.

La « deux chevaux » est peut-être la voiture française la plus connue dans le monde.

The "2-chevaux" is probably the best known French car in the world.

C'est une voiture très pratique en ville, mais elle ne tient pas la route à l'extérieur de la ville.

This car is very practical in town, but doesn't keep on the road outside of the city.

C'est une voiture construite par Citroën, un fabricant qui produit toutes sortes de modèles – de la plus coûteuse à la moins coûteuse, telle que la deux-chevaux.

This car is built by Citroen, a manufacturer that makes all sorts of models – from the most costly to the less costly like the 2-chevaux (2-horse power).

Les Fiats sont des voitures assez prisées en France.

Fiats are quite favored in France.

Ce sont des voitures qui offrent une variété de modèles ; «familiales » ou de « sport ».

These are cars that offer a variety of models; "sedan" or "sports".

Les concessionnaires qui vendent les voitures – neuves ou d'occasion – pourront vous donner toutes les informations requises sur les documents à remplir pour le gouvernement avant de pouvoir acheter votre voiture.

The dealers that sell cars – new or used – will be able to give you all the information required to fill out the documents for the government before you can buy a car.

L'assurance voiture ainsi que la « vignette » sont chères.

Car insurance as well as the "registration" is expensive.

L'essence est aussi chère.

Petrol (gas) is also expensive.

Driving in town – Conduire en ville

Comme dans toutes les grandes villes, se rendre n'importe où en voiture peut être un vrai cauchemar.

Same as in every big city, going anywhere in a car can be a real nightmare.

Les rues, les avenues, les boulevards sont toujours encombrés de véhicules de toutes sortes.

The streets, the avenues, the boulevards are always encumbered of vehicles of all sorts.

Il semble que les gens n'aient pas la patience de se rendre où ils veulent aller.

It seems that people do not have the patience to go where they want to go.

Conduire en ville est difficile, c'est le moins que l'on puisse dire.

Driving in town is difficult, to say the least.

Autour de l'Arc de Triomphe, par exemple, cela peut vous prendre de cinq à dix minutes pour aller d'une avenue à l'autre.

Around the Arc of Triumph, for example, it can take you from five to ten minutes to go from one avenue to the other.

La circulation est moins dense entre les heures de pointe, mais cela ne veut pas dire que c'est facile de se déplacer dans Paris.

The traffic is less dense between rush hours, but that does not mean it is easy to move through Paris.

Les signaux lumineux aux intersections sont les mêmes que dans la majorité des villes du monde.

The light signals at the intersections are the same as those in the majority of the cities of the world.

Je vous conseille de vous référer à votre « livret de conduite en France » avant de partir de la maison.

I advise you to refer to your "driving in France booklet" before leaving the house.

Service stations – Les stations-service

Les stations-service en France sont similaires à celles que vous trouvez dans tous les pays.

The service stations in France are similar to those you find in all (every) countries.

Le personnel de service est en général courtois et serviable.

The service personnel are generally courteous and helpful.

Ils font le plein de votre voiture, vérifient le niveau d'huile, la pression de vos pneus, et vous offrent de laver votre pare-brise.

They fill up your car, check the oil level, your tire pressure and offer to wash your windshield.

Il y a aussi des stations self-service où vous pouvez vous servir vous-même de tout ce dont vous avez besoin.

There are also some self-service stations where you can help yourself to everything you need.

En province, le gérant ou propriétaire de la station vous servira lui-même et souvent entamera une conversation pour savoir d'où vous venez et où vous allez.

In the country, the manager or owner of the station will serve you himself and often will start a conversation to know where you come from and where you are going.

Driving in France – *Conduire en France*

Les routes en France sont souvent étroites près des villages et des petites villes.

The roads in France are often narrow near the villages and small towns.

Il faut veiller à tenir votre droite quand vous conduisez en dehors de Paris, car vous ne savez jamais ce qui peut vous attendre au prochain tournant.

You must watch to keep to your right when you drive outside Paris, because you never know what could be waiting for you at the next bend.

Les autoroutes sont utilisées dans toute la France.

The highways are used throughout France.

Vous y rencontrez des camions de tous tonnages et toutes sortes de voitures.

You will meet (see) trucks of every tonnage and cars of all kinds.

Il y a des sorties d'autoroute qui vous mèneront aux villes et villages le long de ces artères à grande circulation.

There are exit ramps from the highway that will lead you to the towns and villages along those high volume (traffic) arteries.

Quand vous arrivez dans un village peu fréquenté par les étrangers, vous serez tout de suite repéré par les gens de l'endroit.

When you arrive in a village less frequented by foreigners, you will be immediately spotted by the local people.

Les restaurants et les hôtels dans les petites villes et villages sont très bien aménagés et il est très plaisant de passer quelques jours dans un petit coin de la France.

The restaurants and hotels in the small towns and villages are well appointed and it is very pleasant to spend a few days in a small corner of France.

TRAVEL

Domestic travels – voyages intérieurs

Les voyages en France ou en Europe se font souvent en train.

Travels in France or in Europe are often done by train.

Les trains en France et en Europe sont très rapides et coûtent moins cher que les voyages en avion.

Trains in France and in Europe are very fast and are less expensive than those in airplanes.

Vous pouvez acheter des tickets à des prix très raisonnables si vous désirez traverser la France « et voir du pays ».

You can buy tickets at very reasonable prices if you wanted to go across France and "see some country".

En quelques heures vous pouvez vous retrouver au bord de la Méditerranée.

In a few hours you can find yourself at the edge of the Mediterranean.

Ou bien vous pouvez visiter l'Allemagne, la Belgique, et l'Italie en train en un mois en vous arrêtant à tous les endroits intéressants.

Or you can visit Germany, Belgium, and Italy by train in a month while stopping in interesting places.

Si vous n'avez pas de passeport européen, il est recommandé de porter votre passeport et toutes pièces d'identité sur vous tout le temps.

If you don't have a European passport, it is recommended to keep your passport and all pieces of identification on you at all times.

International travels – voyages internationaux

Pour vous rendre en dehors de la communauté européenne, il est souvent plus pratique de prendre l'avion.

To go outside of the European Community, it is often more practical to take a plane.

Les aéroports en Europe et en France en particulier, sont très modernes et vous offrent les mêmes commodités que les aéroports internationaux en Amérique du Nord.

The airports in Europe and in France in particular, are very modern and offer you the same amenities than the international airports in North America.

Avant de partir, il faut vous assurer d'avoir un passeport en règle avec les visas nécessaires, un permis de conduire valable et tout autre document requis par les autorités du pays que vous allez visiter.

Before you leave, you must insure that you have a valid passport with the necessary visas, a valid drivers' license and all other documentation required by the authorities of the country you are going to visit.

Par exemple, si vous désirez voyager en Afrique, vous aurez besoin d'un carnet de vaccinations.

For example, if you wanted to travel to Africa you will need to have a vaccination booklet.

Dans vos valises, il est conseillé de ne pas transporter d'objets de valeur, tels que des bijoux ou des objets électroniques qui peuvent être facilement volés.

In your luggage it is advisable not to take valuable items, such as jewelry or electronic gadgets that could be easily stolen.

Si vous décidez de faire une croisière, il est aussi recommandé de vous assurer que vous êtes en bonne santé pour voyager en mer.

If you decide to take a cruise, it is recommended to insure that you are in good health to travel at sea.

Il n'y a rien de plus déprimant que de faire une croisière en passant tout son temps dans sa cabine.

There is nothing more depressing than be on a cruise and spend all of your time in your cabin.

De nos jours, il y a toutes sortes de médicaments contre le mal de mer, mais il faut aussi veiller à ne pas tomber malade en cours de route.

These days there are all sorts of medications against sea sickness, but you need to take care of not falling ill during your journey.

Que ce soit en train, en voiture ou en bateau, lorsque vous voyagez en Europe, soyez prudent.

Whether in a train, in a car, or aboard a vessel, when you travel in Europe, be careful.

Biking or cycling – voyages à moto ou à vélo

Pour ceux qui aiment voyager à moto, la France est un pays idéal pour faire de belles randonnées.

For those who like to travel on a bike, France is an ideal country to "take you on beautiful" excursions.

Vous pouvez vous arrêter dans tous les coins perdus de France et passer des journées ensoleillées sur la Riviera ou en Provence, ou visiter les vignobles de la Charente.

You can stop in all remote corners of France and spend sunny days on the Riviera or in Provence or in visiting the vineyards of Charente.

Pour ce qui est de voyager à vélo, les routes pavées en France sont nombreuses, et même les chemins de campagnes vous emmèneront dans des endroits reculés où vous trouverez de bons petits hôtels pour vous reposer.

When it comes to cycling, the paved roads in France are numerous and even the country roads will lead you to remote areas where you will find good little hotels to rest.

Encore une fois, je vous recommande d'être prudent dans tous vos voyages.

Once again, I recommend that you be careful in all your travels.

Les gens en Europe sont très hospitaliers, mais il y a de mauvaises gens partout dans le monde.

The people in Europe are very hospitable, but there are bad people everywhere in the world.

EXCEPTIONAL EVENTS

The exceptional events that you will find described below represent only the majority of occurrences or events that you may encounter or attend when you live or visit France. The list is by no means exhaustive.

Accidents – Les accidents

Un accident peut arriver n'importe où et n'importe quand.

An accident can occur anywhere at any time.

Si vous avez un accident de voiture en ville, comme en Amérique du Nord, les conducteurs arrangent les réparations à l'amiable.

If you have a car accident in town, same as in North America, the drivers arrange the repairs amicably.

Ils échangent leurs informations d'assurance et reprennent le chemin sans plus de problèmes.

They exchange their insurance information and go on their way without more problems.

Si vous avez le malheur d'avoir un grave accident soit en ville ou sur la route, la police et une ambulance viendront vous assister sur place.

If you have the misfortune to have a serious accident either in town or on the road, the police and ambulance will assist you on site.

Si votre épouse ou vos enfants ou vous-même avez un accident à la maison, vous pouvez appeler votre médecin (docteur) de famille ou aller à la clinique ou l'hôpital le plus proche.

If your spouse or your children or you have an accident at home, you can call your family physician (doctor) or go to the nearest clinic or hospital.

En ville, il est conseillé de vous rendre à la clinique ou à l'hôpital après avoir appelé votre médecin de famille.

In town it is advisable to go to the clinic or hospital after calling your family doctor.

Votre médecin fera tout son possible pour vous rendre visite aussitôt que possible et vous donnera des instructions pour aider la personne accidentée avant son arrivée.

Your doctor will do everything possible to visit you as soon as possible and will give you some instructions to see to the help the victim of the accident before his arrival.

S'il vous conseille de vous rendre à la clinique, il vous y rejoindra aussitôt que possible.

If he advises you to go to the clinic, he will meet you there as soon as possible.

Une fois arrivé à la clinique ou à l'hôpital, vous serez soigné dans la salle d'urgence – si l'accident est assez grave et si vous requérez des soins immédiats.

Once arrived at the clinic or hospital you will be taken care of in the emergency room – if the accident is serious enough to require immediate attention.

Si vous avez le bras cassé, par exemple, le médecin en charge vous enverra à l'orthopédiste de l'hôpital immédiatement après votre arrivée.

If you have a broken arm, for example, the doctor in charge will send you immediately after your arrival to the orthopedist of the hospital.

Ils feront des radiographies de la fracture, et ensuite le médecin donnera des ordres pour faire mettre le bras cassé dans un plâtre.

They will take x-rays of the fracture, and then the doctor will give orders to have the arm put in a cast.

Les frais d'hôpitaux sont pris en charge par votre assurance médicale.

The hospital costs are taken care of by your medical insurance.

Si les circonstances demandent que la personne accidentée reste à l'hôpital pendant quelques jours, elle sera admise (enregistrée) et transportée dans une chambre commune ou privée.

If the circumstances call for the injured person to stay in hospital for a few days, the person will be admitted (registered) and transported in a ward or a private room.

Encore beaucoup d'hôpitaux en France sont gérés par des religieuses.

Still many of the hospitals in France are managed by nuns.

Les sœurs veillent au bien-être des patients plutôt qu'à leurs soins.

The sisters look after the patients' wellbeing rather than their medical care.

Les infirmiers et infirmières veillent aux soins médicaux des malades.

The nurses (male or female) look after the medical care of the patients.

Les médecins et chirurgiens dans les hôpitaux sont très qualifiés et utilisent des instruments et un équipement ultramodernes.

The physicians and surgeons in the hospitals are well qualified and use ultra modern instruments and equipment.

Si vous avez besoin de médicaments pendant votre maladie, le médecin vous prescrira des médicaments que vous pourrez acheter à la pharmacie du quartier.

If you need medications during your illness, the doctor will prescribe some medications that you can buy at the neighborhood pharmacy.

Les pharmaciens sont aussi qualifiés et veilleront à ce que vous preniez vos médicaments selon les recommandations du médecin.

The pharmacists are also qualified and will see to it that you take your medications according to the doctor's recommendations.

Si vous devez retourner voir le médecin après votre accident ou en fin de maladie, il vous recevra dans son cabinet de consultation.

If you need to go back to the doctor after your accident or at the end of an illness, he will see you in his consulting office.

Birth, marriage and funerals – Naissance, marriage et funérailles

There are always three exceptional events in most people's lives. A birth, a marriage, or a funeral will mark anyone's existence.

Naissance:

En France comme partout ailleurs, une naissance est certainement un évènement exceptionnel.

In France, like everywhere else, a birth is certainly an exceptional event.

Quand Gisèle a su qu'elle était enceinte, la première fois, elle est allée voir sa mère en province avant de m'annoncer la bonne nouvelle.

When Gisele knew that she was expecting for the first time, she went to see her mother in the country before she told me the good news.

Elle avait peur de tout ce qui allait se passer entre le moment où elle avait appris qu'elle était enceinte et le jour de l'accouchement.

She was afraid of everything that was going to happen between the time she learnt that she was pregnant and the day of delivery.

Sa mère lui a conseillé de prendre chaque jour comme il vient et d'aller voir son obstétricien régulièrement.

Her mother suggested to take every day as it comes and to go to her obstetrician regularly.

Quand elle est rentrée à la maison le dimanche soir, j'étais encore sur le toit de la maison pour finir de remplacer les tuiles.

When she came home on Sunday night, I was still on the roof of the house to finish replacing the tiles.

Elle m'a crié la nouvelle de la porte du jardin.

She yelled the news to me from the door of the garden.

J'ai eu un tel choc que j'ai dû m'asseoir sur le bord de la gouttière du toit pour ne pas tomber.

I had such a shock that I had to sit on the edge of the eaves of the roof not to fall down.

Quand j'ai retrouvé mon sang-froid, je suis descendu du toit en utilisant l'échelle et je l'ai embrassée de tout mon cœur.

When I had regained my composure, I came down from the roof using the ladder and I kissed her with all my heart.

Les neuf mois de maternité n'ont pas été simples.

The nine months of maternity were not simple.

Gisèle, comme la plupart des femmes enceintes, s'est mise à vomir tous les matins pendant les premières semaines de sa grossesse.

Gisele, like most pregnant women, began vomiting every morning during the first weeks of her pregnancy.

Ensuite, j'ai enduré ses sautes d'humeur, son désir de finir les réparations de la maison rapidement, et des après-midi interminables dans les magasins.

And then I endured her mood swings, her desire to finish the repairs on the house rapidly, and the unending afternoons in the stores.

Mais lorsque le jour de son accouchement est enfin arrivé, je l'ai emmenée à la maternité de l'hôpital sans problème.

But when the day of her delivery came at last, I took her to the maternity of the hospital without problem.

C'est moi qui étais sur les nerfs et c'est elle qui était très calme.

It was me who was all nerves and it was her who was very calm.

Les grands-parents sont arrivés à la maternité une heure avant que Gisèle donne naissance à notre petit garçon.

The grandparents arrived at the maternity an hour before Gisele gave birth to our little boy.

Pendant que Gisèle se reposait à l'hôpital avec Ghislain, j'avais pris quelques jours de congé pour, moi aussi, me reposer à la maison.

While Gisele was resting at the hospital with Ghislain, I took a few days off for me to rest as well at home.

Heureusement que les grands-mères étaient là pour m'aider à mettre la maison en ordre et pour préparer l'arrivée du nouveau-né.

Fortunately the grandmothers were there to help me get the house in order and to prepare the arrival of the new born.

Je n'aurais pas pu faire tout seul tout ce ménage et tous ces arrangements.

I couldn't have done the entire house-cleaning and make all these arrangements, alone.

Maintenant que notre fils a dix ans, je me rappelle encore sa naissance comme si c'était hier.

Now that our son is ten years old, I remember his birth as if it was yesterday.

Mariage :

Dans chaque famille il y a des mariages.

In every family there are marriages.

Quand Gisèle et moi nous sommes mariés, nous étions déjà fiancés depuis six mois.

When Gisele and I were married, we were already engaged for six months.

Nous avons décidé d'avoir la cérémonie de mariage à l'église en présence des deux familles et de quelques amis.

We decided to have a marriage ceremony at the church in the presence of the two families and of some friends.

Nous avons dû d'abord nous inscrire et publier les bans, et attendre trois semaines pour recevoir une lettre du bureau de la mairie nous annonçant qu'il n'y avait pas eu d'opposition à notre union.

First we had to register and publish the banns, and wait three weeks to receive a letter from the mayor's office to tell us that there had not been any opposition to our union.

Nous nous sommes mariés à l'hôtel de ville le jour avant la cérémonie religieuse.

We got married at the city hall the day before the religious ceremony.

En France, comme dans bien des pays européens, seul le mariage à l'hôtel de ville (la mairie) est légal et valable.

In France, same as in many European countries, only the city hall marriage is legal and valid.

Le mariage religieux est une chose personnelle.

The religious wedding is a personal thing.

Comme de coutume, les parents de Gisèle ont fait les frais de la cérémonie, tandis que mes parents ont fait les arrangements pour le dîner de mariage après la cérémonie à l'église.

As it is customary, Gisele's parents paid for the ceremony, while my parents made all the arrangements for the wedding dinner after the church ceremony.

La mariée portait une belle robe blanche avec un voile et une traîne.

The bride wore a beautiful white dress with a veil and a train.

Pour ma part je portais un smoking.

As for me, I wore a tuxedo.

Nous avions deux témoins de mariage comme de coutume et de nombreux parents et amis étaient venus de province pour nous offrir leurs vœux.

We had two witnesses to our wedding as it is customary and a large number of parents and friends came from the country to offer their wishes.

En France, il est rare de voir de grands mariages.

In France it is rare to see large weddings.

Ceux-ci sont trop coûteux pour les gens qui ne sont pas fortunés.

These are too costly for the people who are not wealthy.

Il y avait une vingtaine de personnes au repas de mariage qui s'est tenu dans un restaurant du quartier.

There were some twenty people at the wedding reception (dinner) which was held in a restaurant of the neighborhood.

Comme les français aiment la bonne cuisine, mes parents avaient choisi un menu extravagant que tous les invités ont apprécié.

Given that French people like good cuisine, my parents chose an extravagant menu that all of the guests appreciated.

Nous avons passé notre nuit de noces dans un petit hôtel en dehors de Paris avant de partir pour notre « lune de miel » dans les Pyrénées.

We spent our honey moon night in a little hotel outside Paris before leaving for hour "honeymoon" in the Pyrenees.

Nous avons passé quinze jours dans les montagnes – ce fut un voyage inoubliable comme vous pouvez l'imaginer.

We spent two weeks in the mountains – it was an unforgettable trip as you can imagine.

Funérailles :

La mort de quelqu'un que nous connaissions est toujours difficile à accepter.

The death of someone we knew is always difficult to accept.

Si vous avez un membre de votre famille qui est décédé, il faudra que vous alliez à ses funérailles.

If you have a family member who has passed, you will have to go to his funerals.

En France les funérailles se tiennent en général dans l'église de la région.

In France the funerals are held in general at the church of the area.

Le cercueil est enterré dans un cimetière de la ville ou bien dans le cimetière de l'église.

The casket is interred in the cemetery of the city or in the cemetery of the church.

Durant le service funèbre, très souvent simple, un membre de la famille ou « un proche » fera l'éloge funèbre du défunt.

The funeral service is often simple, during which a member of the family or a "close" person will give the eulogy of the deceased.

Le cercueil sera transporté au cimetière dans un corbillard qui sera suivi par les voitures de la famille et des amis.

The coffin will be transported to the cemetery in a hearse which will be followed by the cars of the family and friends.

Les cimetières français sont en général situés loin de la ville, à moins qu'ils soient à côté de l'église.

The French cemeteries are in general located far from the city unless they are close to the church.

Après les funérailles, la famille et les amis se rassemblent chez l'un des membres de la famille pour prendre un café ou un verre de vin avec les invités.

After the funerals the family and friends gather at the house of one of the family members to have a coffee or a glass of wine with the guests.

Souvent dans les villages, il y a une veillée de 24 ou de 48 heures avant les funérailles, dans la maison du défunt, où les gens peuvent venir rendre visite pour une dernière fois à celui (ou à celle) qui est parti(e).

Sometimes, and often in the villages, there will be a wake of 24 or 48 hours before the funerals in the house of the defunct where the people can come and visit one last time the one who has departed.

Comme il y a peu d'entreprises de pompes funèbres en France, le cercueil reste dans la maison du défunt jusqu'au jour de son départ final.

Since there are few funeral homes in France, the casket stays in the house of the deceased until the day of his/her final departure.

La période de deuil est habituellement d'un an – surtout pour les personnes plus âgées.

The mourning period is usually of a year – especially for the older people.

Les personnes en deuil s'habillent de vêtements noirs pendant l'année de deuil.

The people in mourning dress in black clothes during the year of mourning.

Durant les funérailles, il est très rare de voir quelqu'un habillé d'un vêtement de couleur claire.

During the funerals, it is very rare to see someone dressed in light-colored clothes.

Birthdays and other anniversaries – Les anniversaires de naissance et autres anniversaires

Pour terminer sur une note un peu plus heureuse, je vais maintenant vous parler des anniversaires.

To end on a happier note, I will now talk about anniversaries (birthdays and other anniversaries).

Il y a plusieurs sortes d'anniversaires en France ; les anniversaires de naissance, les anniversaires de mariage et les anniversaires de décès.

There are several sorts of anniversaries in France; birthdays, wedding anniversaries and death anniversaries.

Anniversaires de naissance :

Dès l'âge d'un an, les enfants fêtent leurs anniversaires.

Since the age of one, the children celebrate their birthdays.

Durant les fêtes d'anniversaire, les enfants invitent leurs amis et amies ainsi que leurs frères, leurs sœurs et leurs cousins ou cousines à venir célébrer leur anniversaire chez eux.

During the birthdays, the kids invite their friends as well as their brothers, their sisters and their cousins to come and celebrate their birthday at their home.

Parfois les parents ainsi que les enfants préparent un dîner en famille pour célébrer l'occasion.

Sometimes the parents as well as the children prepare a family dinner to celebrate the occasion.

Les enfants reçoivent des petits cadeaux – rien d'extravagant, mais toujours quelque chose qui leur fera plaisir.

The children receive small gifts – nothing extravagant, but always something that will please them.

Quand les enfants grandissent, ils demandent souvent d'aller passer quelques jours de vacances pour leur anniversaire au lieu de fêter ça autour de la table familiale.

When the kids grow up, they often ask to spend a few days on holidays for their birthdays instead of celebrating it around the family table.

Les adultes fêtent ça entre amis ou bien ils sont parfois invités chez les parents pour un dîner en famille.

The adults celebrate it among friends or they are sometimes invited at their parents' for a family dinner.

Anniversaire de mariage :

Les anniversaires de mariage sont souvent célébrés en famille après cinq ans de mariage.

The wedding anniversaries are often celebrated in (with the) family after five years of marriage.

Les jeunes couples célèbrent ça plutôt entre eux en allant au restaurant, au théâtre ou encore en voyage pendant quelques jours.

The young couples celebrate it more among themselves in going to the restaurant, to the theatre or in taking a trip for a few days.

Ce sont souvent les enfants qui organisent les fêtes d'anniversaire de mariage pour leurs parents ou grands-parents.

It's often the children who organize the wedding anniversaries for their parents or grand parents.

Anniversaire de décès:

Le veuf ou la veuve célèbre l'anniversaire du décès de leur épouse ou époux en famille, ou bien dans le recueillement, en passant quelques jours dans un endroit que tous les deux appréciaient.

The widower or widow celebrates the anniversary of their spouse's departure either with the family or in contemplation while spending a few days in a place they both appreciated.

Que ce soit un anniversaire de naissance, de mariage ou de décès, la famille joue un rôle énorme dans ce genre de célébrations.

Whether it is a birthday, a wedding or a death anniversary, the family plays an enormous role in this sort of celebrations.

CONCLUSION

Throughout this book I have tried to compile most of the common sentences, phrases and words spoken by French people in their day to day lives.

Many of the chapters are dedicated to the daily routine of a French household. Basically, the words and sentences are very similar to those spoken in English. The circumstances are also comparable and the daily routine of a French family does not vary much from that of a North American family.

This is not a book to memorize. It is a book that is designed for you to use if and when you travel or live in a French speaking country. I am sure you will encounter expressions that are not contained in this book. These expressions or idioms are often particular to an area where people use dialectic phrases that have survived the centuries.

After you have finished this book, you may also be interested in some other great titles on Amazon that I strongly recommend to help you continue your education in Learning the French Language:

French: Practice For Perfection by Antoine Pelletier

French: Learn The Easy Way by Jacques Boucher

These two books can add a great amount of depth to your understanding of the French language and will provide you a more rounded understanding of this beautiful language.

Printed in Great Britain
by Amazon.co.uk, Ltd.,
Marston Gate.